中国农村居民收入的区域差异研究

钱 力◎著

Zhongguo Nongcun Jumin Shouru De
Quyu Chayi Yanjiu

中国社会科学出版社

图书在版编目（CIP）数据

中国农村居民收入的区域差异研究/钱力著.—北京：中国社会科学出版社，2015.2
ISBN 978-7-5161-5712-1

Ⅰ.①中… Ⅱ.①钱… Ⅲ.①农民—收入分配—研究—中国 Ⅳ.①F323.8

中国版本图书馆 CIP 数据核字（2015）第 048565 号

出 版 人	赵剑英
责任编辑	刘晓红
责任校对	周晓东
责任印制	戴 宽
出 版	中国社会科学出版社
社 址	北京鼓楼西大街甲 158 号（邮编 100720）
网 址	http://www.csspw.cn
发 行 部	010-84083635
门 市 部	010-84029450
经 销	新华书店及其他书店
印 刷	北京君升印刷有限公司
装 订	廊坊市广阳区广增装订厂
版 次	2015 年 2 月第 1 版
印 次	2015 年 2 月第 1 次印刷
开 本	710×1000 1/16
印 张	9.75
插 页	2
字 数	203 千字
定 价	36.00 元

凡购买中国社会科学出版社图书，如有质量问题请与本社发行部联系调换
电话：010-84083683
版权所有　侵权必究

序

  收入差距问题一直是经济学关注的重要研究领域，居民收入区域差距是差距问题的重要组成部分，而农村居民收入区域差异问题更是经济社会研究的热点。对农村居民收入区域差异问题研究的演变遵循两条主线，其一是基于收入分配问题研究的细化，由居民收入分配问题研究具体到农村居民收入问题；其二是基于差距问题研究的深入，对区域差距问题的研究越来越受到重视。两条研究主线交叉的结果，就形成了农村居民收入的区域差异问题研究这一世界性课题。

  农村市场是中国潜在购买力最大的国内市场，拓展农村消费市场是发展中国内需经济的立足点。长期以来农村市场巨大的潜力并没有得到真正的释放，主要原因是缓慢增长的农村居民收入限制了农村消费的扩大。把握适度的农村居民收入区域间差异，能够促进区域农村居民收入水平的提高，对刺激农村消费以及扩大农村市场需求有着重要的作用。

  收入差距问题的研究不仅包括差距的测度，更重要的是分析差距产生的原因，最终是为了解决如何缩小差距问题。该专著借鉴收入差距的研究进程，在对已有区域收入差距理论和文献、个人收入的差距理论和文献以及收入差距趋势理论和文献回顾和总结的基础上，比较深入的探讨了以下几个基本问题：

  第一，验证了区域间收入差距的倒"U"形假说。依据理论模型推导出农村居民收入区域间差异倒"U"假说，通过历史演变、发展现状及未来趋势及总体变化等实证分析，共同验证了假说，即中国农村居民收入区域间差异从长期来看呈"U"形轨迹。

  第二，对中国农村居民收入区域类型进行了地域划分。打乱了原有的区域分类，依据农村居民收入水平及相关决定因素，从农村居民收入差异视角下对区域进行重新划分。科学、合理的进行区域类型划分和单元选择是区域差异分析的一个重要前提。

第三，基于区域收入差异主要测度指标的分类归纳，对中国农村居民收入区域差异的演变历程和发展现状进行了深入分析。分别分阶段分析了省际间和区际间农村居民收入差异演变情况，并对两者进行了初步比较；运用基尼系数、泰尔指数及分解等方法，对农村居民收入省际间差异和区际间差异现状进行了研究，并探讨了差异的收入来源构成情况以及区域贡献情况。

第四，对农村居民收入区域差异影响因素进行了分析。运用定性分析和实证分析两种方法，筛选出省际间和区际间农村居民收入差异的主要影响因素，以便找出差异产生的原因和进一步展开对策分析。

第五，预测了中国农村居民收入区域差异未来的发展趋势。分别采用二次指数平滑法和 ARMA 模型两种方法，对农村居民收入省际间差异和区际间差异未来趋势进行了预测和比较。

第六，探讨性分析了中国农村居民收入区域差异适度性。首先从理论视角对收入差异适度性进行了初步判断，包括基尼系数判断法、倒"U"拐点判断法以及判断准则法等；其次从经济增长、资源配置效率以及社会稳定与公平三个视角，运用隶属函数模型对收入区域差异适度性进行测算和分析。

第七，基于农村居民收入区域差异与经济增长相互影响的机制和效应分析，提出调控差异的政策选择。包括政府视角的政策选择，如财税措施、社会保障措施以及市场法律法规等；产业视角的政策选择，如现代农业发展和非农产业发展等；农村居民视角的政策选择，如农村教育发展和农村人口流动等。

农村居民收入区域差异问题研究是收入分配问题研究的一个重要热点，也是区域经济研究的前沿问题与热点问题之一。对这一问题的深入研究有相当大的难度，国内同类专著也不是很多，要完成有特色的专著需要付出巨大的努力。本书作者尽管做了巨大努力，但不足之处在所难免，一些地方还有待进一步探索和完善，以促使这一领域的研究有一个更大的进展。

在当今比较浮躁的学术界，能够沉下心来进行学术研究的学人并不多，而钱力博士的这种努力是值得称道的。学术研究虽然艰辛，但只要努力付出，总会有所收获。相信本书能够引起经济学界同行和其他读者的兴趣，也希望钱力博士继续努力，不断获得新的突破。

2014 年 11 月 20 日
于兰州大学抚荪斋

目 录

前 言 ……………………………………………………………… 1

第一章 理论回顾与分析 ………………………………………… 1
    第一节 区域收入差距理论 …………………………………… 1
    第二节 个人收入差距理论 …………………………………… 6
    第三节 收入差距趋势理论 …………………………………… 10
    第四节 国内外其他相关研究 ………………………………… 14
    第五节 理论模型和研究问题提出 …………………………… 18

第二章 中国农村居民收入区域的分类 ………………………… 21
    第一节 文献分析和必要性研究 ……………………………… 21
    第二节 指标体系构建和权重赋予 …………………………… 22
    第三节 中国农村居民收入区域分类的实证分析 …………… 24
    第四节 中国农村居民收入区域分类的结论 ………………… 29

第三章 中国农村居民收入区域差异的演变及现状 …………… 31
    第一节 基本概念及主要测度指标 …………………………… 31
    第二节 中国农村居民收入区域差异的演变历程 …………… 45
    第三节 中国农村居民收入区域差异的发展现状 …………… 49

第四章 中国农村居民收入区域差异的影响因素 ……………… 66
    第一节 农村居民收入区域差异影响因素的理论分析 ……… 66
    第二节 农村居民收入区域差异影响因素的定性分析 ……… 67
    第三节 农村居民收入区域差异影响因素的实证分析 ……… 71

第五章 中国农村居民收入区域差异发展趋势 ·········· 84

  第一节 文献分析和必要性研究 ·················· 84
  第二节 预测方法的选择 ······················ 86
  第三节 农村居民收入区域差异趋势的预测 ············ 87
  第四节 主要结论分析 ······················· 91

第六章 对中国农村居民收入区域差异适度性的考察 ········ 93

  第一节 农村居民收入区域差异适度性的内涵及判断准则 ····· 94
  第二节 农村居民收入区域差异适度性理论判断 ·········· 96
  第三节 农村居民收入区域差异适度性实证判断 ·········· 99

第七章 农村居民收入区域差异的影响效应及政策选择 ······ 113

  第一节 农村居民收入区域差异的影响效应 ············ 113
  第二节 调控农村居民收入区域差异的政策选择 ·········· 118

第八章 主要结论与后续研究展望 ················· 127

  第一节 主要结论 ························· 127
  第二节 后续研究展望 ······················· 130

参考文献 ······························· 132

后　记 ······························· 142

前　言

改革开放以后，中国农村实行了家庭联产承包责任制，解放了农村生产力，推动了农村经济迅速发展。进入21世纪，中央提出建设社会主义新农村伟大历史任务，出台了一系列惠农政策，包括取消农业税、完善农村最低生活保障、加强农村基础设施投入等。中国农村发展迎来了新的历史机遇，农村居民整体生活水平得到了较大改善。农村居民家庭人均纯收入得到较大幅度提高，2011年达到6977.29元，扣除价格因素后比1978年增加10.63倍，比2000年增加2.20倍。收入水平的提高改善了农村居民生活水平，提高了生活质量，农村居民家庭恩格尔系数从1978年的67.70降为2011年的40.40，下降27.30个百分点。[1]

但是近年来，受到资本、技术、市场供求和耕地面积的限制，农村居民收入增长缓慢。一些以粮食生产为主的地区农村居民收入绝对额甚至有所下降，农业增产不增收现象比较突出。扣除价格因素后，可以将1978—2011年中国农村居民收入增长状况总体划分为三个阶段：1978—1989年为快速增长阶段，虽然实际农村居民收入增长幅度逐渐下降，但这一阶段年均增长达到10.90%；1990—2000年为缓慢增长阶段，增长幅度变化不明显，年均增长4.27%；2001—2011年为增长回升阶段，增长幅度有所提高但仍然缓慢，年均增长7.45%。

随着中国经济体制的转型，收入分配体制也发生了重大变化，由于地理经济条件和个人因素差异，以及收入来源多样性和要素分配多元性，农村居民收入差距不断扩大，主要表现为城乡差距、农村居民间收入差距以及农村居民收入的区域差距的扩大，其中区域间农村居民收入差距程度远大于城乡居民收入差距和城镇区域间居民收入差距的增幅。从图0-1中

---

[1] 国家统计局住户调查办公室：《中国住户调查年鉴（2012）》，中国统计出版社2012年版。

可以看出，中国农村居民收入最大值地区与最小值地区的收入差异趋势总体是先急剧上升后缓慢波动，20世纪90年代以前差异上升速度较快，90年代中期差异出现最大值，到了90年代末又趋于缓和，从2000年开始差异缓慢波动，但到了2004年差异又开始急剧上升至2006年出现较大值，2006年以后差异呈现缓慢递减趋势。从极值差率变化可以初步判断，农村居民收入区域差异性较大，这种差异性在不同时期表现出不同的波动特征。

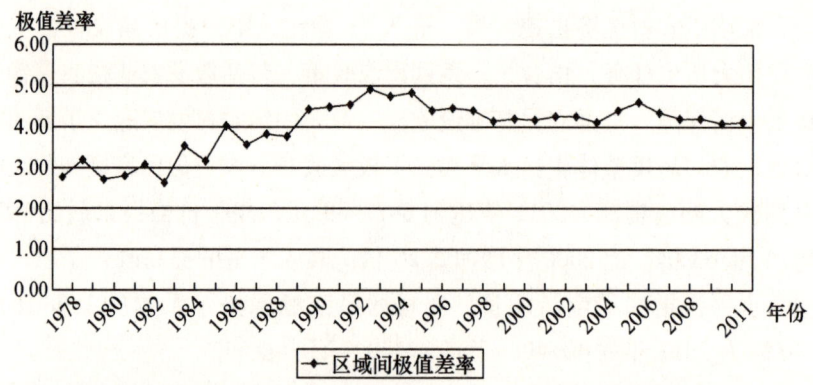

图0-1　1978—2011年中国农村居民收入最大值与最小值地区差异

注：极值差率 $DR = X_{max}$ 最高收入 $/X_{min}$ 最低收入，DR 越大表示收入差距越大。

资料来源：根据《中国农村统计年鉴（1985—2012）》、《新中国六十年统计资料汇编（1949—2008）》相关资料计算整理。

威廉姆森（J. G. Williamson）的倒"U"形理论[①]认为，随着经济的增长和收入水平的提高，区域间收入差异不平等程度大体上呈现出先扩大后缩小的倒"U"形变化，从长期看区域间收入倾向于趋同。不排除中国农村居民收入区域差异长期也遵循这种趋势的可能性，但由于非必然因素即经济发展中所派生的、人为的因素以及经济短期波动性的存在，导致差异的变化短期趋势不可控，影响了农村经济健康可持续发展和社会的稳定。从宏观看，农村居民收入区域差异的扩大，不仅关系到社会全局的稳定，而且还影响到国民储蓄和投资；从微观看，当收入分配差距的扩大使

[①] 威廉姆森在1965年将库兹涅茨（Simon Kuznets）描述收入分配差距的倒"U"形理论应用到区域经济、收入差距分析，提出区域经济差异的倒"U"形理论。

财富向少数人集中时，全体居民的消费倾向便会随之下降。农村居民收入区域差异的扩大，导致了区域有效需求不足和生产投入的不均衡，制约了区域经济进一步协调快速发展。对于欠发达区域而言，农村居民收入的区域差异导致资金和人才流失，农村经济发展和农业产业升级缓慢，使欠发达地区陷入发展的恶性循环。

中国是一个农业大国，"三农"问题是关系到中国改革开放和现代化全局的重大问题。党的十六大提出"发展农村经济，建设现代农业，增加农民收入，是中国全面建设小康社会的重大任务"，党的十七大进一步强调"解决好农村、农业和农民问题，事关全面建设小康社会大局"，党的十八大提出"城乡一体化是解决三农问题的关键，增强农村发展活力，促进城乡共同繁荣"。全面建设小康社会的重点难点在农村，农村的重点又是在欠发达地区。缩小区域差距、促进区域协调发展是全面建设小康社会的重大课题，而农村居民收入差异是构成区域差距的重要原因，成为制约全面建设小康社会的重要"瓶颈"。

在这样的背景下，农村居民收入区域差距是否合理，这种差距会不会阻碍区域经济发展和农村居民收入水平的提高，对"三农"问题的解决和全面建设小康社会有着巨大的影响，对区域经济社会的协调发展至关重要。

区域居民收入差距主要表现为区域城乡居民收入差距、区域城镇居民收入差距和区域农村居民收入差距，而区域农村居民收入差距是区域居民收入差距的主要部分。区域农村居民收入差异表面上是收入来源和收入增长的问题，实质上是不同区域农村经济发展道路和发展模式问题，研究农村居民收入区域差异问题不仅包含着对区域差异水平的判断，还包括对高收入区域发展经验的总结和低收入区域发展问题的诊断。因而，对农村居民收入区域差异问题的研究，有着重要的理论和现实意义。

从实践发展角度来看，目前对中国农村居民收入差异问题研究取得了一些有意义的成果，但由于中国正处于市场经济转型和二元转型双重转型时期，经济环境复杂多变，导致现有研究成果难以全面、准确地反映中国农村居民收入差异情况。双重转型要求经济社会运行中多变量协调发展，而农村地区的发展是实现转型的一个关键，农村居民收入水平的提高和收入区域差异的缩小是实现农村地区健康发展的一个重要制约环节。能否科学了解农村居民收入区域差异情况，应用现代计量经济学方法，全面深入研究农村居民收入区域差异问题，成为一个有着重要现实意义的课题。

"消费、投资、出口"是拉动经济的"三驾马车"，而经济发展的主要内在动力是内需特别是消费需求。完善收入分配制度，提高区域中低收入阶层居民收入，特别是农村居民收入，对扩大内需、促进国民经济健康发展有着重要的意义。长期以来，中国农村居民消费需求不足，购买力下降，一方面是因为农村居民收入水平低，另一方面是农村居民收入区域差距过大造成了消费需求的断层，低收入区域消费需求受到制约，市场出现萎缩，导致国民经济下滑。因此，农村居民收入区域差异问题是事关国民经济发展大局的关键问题，高度重视农村居民收入区域差异，实施积极措施将差异控制在合理范围，以促进国民经济快速健康发展。

农村居民收入水平与收入结构与农村经济结构有着密切的关系，随着农村多元产业的发展，农村居民收入来源多元化，收入结构发生了较大变化，工资性收入在收入构成中的比重日益增加。通过不同区域间农村居民收入结构的横向和纵向比较，优化农村经济结构，促进非农产业发展和产业升级，实现农村居民增收和农村经济发展。

农村居民收入区域差异扩大，容易给低收入区域部分农民带来相对剥夺感而产生心理失衡现象，从而激化宗教、民族和社会矛盾，导致农村社会不稳定，直接影响到农村社会秩序和农民的生活、生产。维持低收入区域农村的稳定，关键的一个方面就是缩小农村居民收入的区域差异，只有差异缩小了，才能调动农村居民的生产积极性，才能带来社会稳定和经济发展。

第一章 理论回顾与分析

农村居民收入的区域不平衡问题是世界性的难题，对农村居民收入区域差异问题研究的演变遵循两条主线，其一是基于收入分配问题研究的细化，由居民收入分配问题研究具体到农村居民收入问题；其二是基于差距问题研究的深入，对区域差距问题的研究越来越受到重视。两条研究主线交叉的结果，就形成了农村居民收入的区域差异问题研究这一世界性课题。国内外学者从不同角度对农村居民收入区域差异问题进行了探讨性研究，取得一些阶段性的研究成果，积累了丰富的收入区域差距理论。结合农村居民收入区域差异理论形成过程和研究的需要，本章的理论框架构建主要包括三个部分，即区域收入差距理论及文献、个人收入差距理论及文献和收入差距趋势理论及文献。在此基础上，通过推导提出本书的研究理论假设。

第一节 区域收入差距理论

20世纪初，以地区经济增长为核心的区域经济发展理论开始出现并日趋完善，对区域经济差异问题的研究也逐渐盛行起来，代表性的有以约翰·莫里斯·克拉克（John Maurice Clark）和霍利斯·钱纳里（Hollis B. Chenery）为代表的发展阶段理论，以保罗·罗森斯坦-罗丹（Paul Rosenstein-Rodan）和赖宾斯坦（H. Leibenstein）为代表的均衡发展理论以及以弗郎索瓦·佩鲁（Francois Perroux）和阿尔伯特·赫希曼（Albert Otto Hirschman）为代表的非均衡发展理论，这些区域经济增长理论为区域收入差距理论奠定了理论基础和研究基础，较有影响力的区域收入差距理论有地域差异论和地区收入不均衡理论。

一　地域差异论

区域收入差异是不同地域的自然地理、社会人文和政策体制等因素共同作用的结果，地域差异论对不同区域收入差异的原因进行了解释，比较有代表性的包括地域差异说、政策强化说、体制优势说和结构效益说等，其中地域差异说影响力较大。

地域差异说从地域空间分布和区位特征来解释区域收入差异情况，认为区域收入低的地区是由于自然环境差、自然资源少，或者思想落后、不思进取等原因导致的，收入高的地区有着优越的地域特征，收入低的地区地域特征较为恶劣，内因是决定地域收入水平的重要因素。从中国区域收入水平空间分布看，收入水平高的地区大部分位于东部地区，拥有便利的交通、丰富的自然资源和优越的区位条件，而收入水平低的地区基本位于西北部地区，发展环境恶劣、资金不足以及区位欠佳。

地域差异说强调资源环境和区位对地域收入的重要影响，对中国区域收入差异分析有着重要的作用。陆大道（1995）指出中国区域差异的根本原因是由于国土有三大自然区，地势上有三大阶梯，自然地理环境的差异给地区发展带来了巨大影响，导致了区域收入差异；Demurger（2002）、张宏典（2006）、赵净（2008）和王银梅（2012）等认为自然环境的优劣、资源禀赋的不同和地理位置的分布，不同程度地影响区域收入水平。

伴随着工业化进程的推进，区域收入差异受资源环境和地理区位的影响越来越弱，而市场化程度、人力资本、产业结构和政策体制等因素对区域收入差异影响不断提升。一些学者认为农村居民收入区域差异是多种因素综合作用的结果，如魏后凯（1997）、王青和来国超（1994）、张宏典（2006）和李勇（2007）等认为，中国农村居民地区收入差距的扩大原因是历史、自然、经济和社会等多方面因素综合而成，具体包括地理区位优势、经济制度的变迁、非农产业的发展、农业和农产品价格、宏观政策的影响、城市化水平、科技水平和劳动力素质等；何雄浪（2012）认为，区位和资源差异是导致居民收入地区差距的重要原因，但主要原因是集聚效应，市场效率、技术进步和贸易发展是集聚效应的主要体现。还有一些学者从某一方面解释农村居民收入差异扩大的原因，如林毅夫、蔡昉和李周（1998）、段庆林（1998）、裴怀娟（2004）、王春正（1995）、张晓辉（2001）、Benjamin（2005）和 S. Klasen（2008）等认为，农村非农产业和非农就业机会的增加，使自然、经济、社会等条件相对优越的区域农村居民收入增加较快，东、中、西部农村居民收入差距扩大的根本原因在于非农就业机会的差距，尤其在中、西部地区农村居民收入增长严重依赖非农收入情况下，缺乏非农就业机会就意味着缺乏收入提高的途径；此外，白志礼、王青和来国超（1993）认为，农村居民人均纯收入不平衡是由区域间发展不平衡所引起的，而区域间发展不平衡归结为一点就是源于第二产业，特别是乡镇企业发展水平存在差异；Xin Meng（1998）发现区域农村居民收入的决定因素是区域市场化程度，在欠发达地区进行进一步经济改革，促进贸易开放和要素流动有利于减少区域农民收入差距程度；Gustafsson（2001）认为，货币收入及其比例变化是农民收入差距扩大的主要原因，住房分配和失业问题是农民收入差距扩大的重要原因；罗丹程（2007）分析了贸易自由化对农村居民收入差异的影响，认为贸易自由化扩大了农村居民收入区域差异；陈安平（2013）认为，空间距离对地区间收入差距有着显著影响，缩小空间距离有利于缓解差距，主要表现为加强基础设施建设以及促进要素区域间自由流动。

尽管不同学者对区域收入差异形成的原因有着不尽相同的解释，但基本上都肯定区域自然资源和地理区位对区域收入差异有着重要影响。在此基础上，对政策体制和非农产业对区域收入差异影响的研究比较集中，但分析方法需要进一步量化。虽然地域差异说没有重视区域收入差异的因果相互影响，也忽略了其他外部因素和区域间联系，但是由于区域地理资源环境对农业的发展以及农村居民收入有着较大的影响，所以该理论成为收入区域差距的一个重要理论。

二 地区收入不均衡理论

地区经济发展在空间上的非均匀性，导致地区收入水平存在差异，地区收入不均衡问题的研究形成了一系列理论，比较有代表性的如弗郎索瓦·佩鲁（Francois Perroux）的增长极理论，阿尔伯特·赫希曼（Albert Otto Hirschman）的产业关联理论，冈纳·缪尔达尔（Gunnar Myrdal）的循环积累因果理论以及源于拉坦·弗农（Ruttan Vernon）的梯度推移理论，其中循环积累因果理论比较透彻地解释了地区收入不均衡原因及过程。

缪尔达尔的循环积累因果理论认为区域经济在发展过程中，空间上并不是同时发生，也不是均匀扩散的，一些条件较好的地区获得发展契机超前发展，与其他相对落后的地区形成了地理上的二元经济结构，优先发展的地区由于循环积累效应继续超前发展,加剧了地区间收入不平衡。该理论认为发达地区与落后地区之间存在两种不同效应,即"回波效应"与"扩散效应"。"回波效应"是资本、劳动、技术等要素由于收益差异吸引,由落后地区流向发达地区,加快了发达地区迅速发展和落后地区的衰退,导致区域收入差距扩大。同时,落后地区欠发达的基础设施、教育医疗和思想观念等非经济因素,由于循环积累因果效应,降低了落后地区劳动者素质和生产效率,从而进一步拉大了区域收入差距。"扩散效应"与"回波效应"相反,表现为经济发展到一定程度后,生产要素开始由发达地区向落后地区流动,缩小了区域收入差距。这种扩散表现为三种形式:其一,由于经济发展到一定程度后,发达地区规模经济边际效益逐渐递减,要素向相对落后地区流动,寻求收益递增;其二,位于发达地区周围的落后地区,由于共享了发达地区的基础设施等,刺激了该地区发展;其三,发达地区对周围落后地区的购买和投资,带动了落后地区的发展。

"回波效应"促使生产要素向发达地区聚集,产生扩大区域收入差距趋势,而"扩散效应"带动生产要素向落后地区扩散,产生缩小区域收入差距趋势,区域收入差距程度取决于两种效应合力。在市场机制下,"回波效应"总是先于"扩散效应",发达地区拥有连续积累的竞争优势,区域收入差距在没有政府干预的情况下,会持续拉大。根据上述理论,缪尔达尔提出了区域经济发展和收入差距的政策主张,认为要优先发展有较强增长势头的地区,集中生产要素和政策支持该地区发展,利用这些地区的扩散效应,带动其他地区发展。防止循环积累效应造成的区域收入差距过大,不能消极等待扩散效应对收入差距的弥补作用,要采取积极政策刺激落后地区经济发展和收入水平提高。

循环积累因果理论用动态和非均衡的方法解释了区域收入差距产生的原因,其政策主张指出了消除区域收入差距过大的途径,对中国农村居民收入区域差异产生的原因及如何消除有着重要的指导意义。从中国农村居民收入区域差异研究地域的范围看,循环积累因果理论中的要素流动可以表现为地带间流动、省际间流动和省域内部地区间流动三种形式。

首先,一些学者分析中国地带间农村居民收入差异和要素流动情况,如朱向东和文兼武(1990)认为,由于区域性因素的差别造成了地区收入差距,东部和一些发达地区依托先进的资金和工业技术获得较快发展,而其他地区发展则需要相对较长过程,在形成农户收入差异的因素中,有

69%是由于三大地带间差异造成的，有31%是由于三大地带内部差异造成的；马国强、苏明和石爱虎（1994）认为，农民收入区域差距扩大主要原因是区域间经济发展的不平衡，而这种不平衡产生于区域内部生产行为、地理位置和农民文化素质等，农民的生产和经济行为带有明显的地域性特征，生产要素流动对农民收入影响较大，缩小农民收入差距的根本途径在于对低收入区进行政策鼓励，为低收入区农业和非农发展创造条件，促进发达地区与落后地区间的要素流动；此外，张红宇（1994）、唐平（1995）、刘扬（1996）、于祖尧（1997）和张晓辉（2001）等认为，随着区域经济不平衡发展，农村居民收入区域差异日益扩大，从地理环境、农业生产条件、劳动力素质和政策与开放意识上，东部地区要远远优越于中、西部地区，只有提高落后地区农业生产效益，给予农业发展优惠政策，加大中、西部地区与东部地区资源互补与产业转换，才能缩小地区间农民收入差距。

其次，关于省际间"回波效应"和"扩散效应"对农村居民收入差异的研究，如姚琼（2002）在对省际聚类划分的基础上，对高收入区7省市、中等收入区13省和低收入区11省的农村居民收入进行了单个省区分析，研究认为高收入区农村居民收入取决于劳务输出和乡镇企业发展，中等收入区农村居民收入取决于农业生产条件，低收入区农村居民收取决于农业自然条件好坏与劳动力素质高低；卢嘉瑞（2003）认为，省际间农村居民收入差距是稀缺资源追求效益最大化的结果，收入不平衡是经济发展过程中的普遍现象，在不同资源禀赋、劳动力素质和政策环境等背景下，省际间农村居民收入出现两极分化，高收入集中在初始发展条件比较好的地区，而低收入集中在发展条件落后地区；此外，刘纯阳（2004）、黄继炜（2008）和刘纯彬（2010）等认为，省际间农村居民收入差距的产生既有自然和区位原因，又有非均衡发展政策的原因，非农产业发展和人力资本投资是缩小农村居民收入差距的有效途径。

最后，省域内部农村居民收入差异的研究分为省域内部区域间和省域内部各县域间两个空间范畴，如肖宜滨（1998）认为江苏省的苏北农民收入增长速度明显慢于苏中和苏南地区，乡镇企业的劳动报酬收入成为造成省内不同地区间收入差异的根本原因；对省域内部区域间农村居民收入进行分析的还有陈志安（1999）对山东省内东、中、西部的考察，黄怡和杨朝英（2004）对福建省内各经济区域的考察，以及吕杰和张广胜

(2005) 对辽宁省内各区域的考察等。对县域间农民收入差异进行研究的有黄小清 (1994)、姚林香和舒成 (2010) 以及常月阳 (2010) 等，认为由于各县资源禀赋不同，在发展中不断分化，农民收入县域间差异越来越大，一部分沿海和交通便利的县的农民收入提高较快，另一部分山区的农民收入增长较缓慢。

循环积累因果理论的政策指向是落后地区如何走出贫困和低收入的循环积累，消极等待市场机制下发达地区的扩散效应对农村居民收入区域差异缩小的过程是缓慢的。国内外大多数学者不仅赞成经济发展初期的非均衡发展战略，提倡部分地区优先发展和农村居民收入水平提高，更重视在经济发展到一定程度后，采取一系列积极措施打破落后地区贫困的循环积累，缩小区域间农村居民收入水平差异。

第二节　个人收入差距理论

收入分配可以区分为功能分配和规模分配，功能分配是收入来源角度的要素收入分配，规模分配即个人收入分配，是收入所有者的收入规模关系。中国个人收入分配问题包括两个问题即个人收入分配不公和个人收入差距过大。个人收入差距理论将个人收入归因为内生和外生两种，内生包括人力资本和生命周期等，外生包括机会不平等和收入再分配等，相应划分为两种模式即个人内生因素决定的收入差距模式和个人外生因素决定的收入差距模式。

一　个人内生因素决定的收入差距模式理论

内生因素决定个人收入差距研究个人通过内在的努力和调整提高收入，内生因素决定了个人收入也影响了收入分配差距，这方面理论主要包括人力资本理论和生命周期理论。

（一）人力资本理论

西奥多·威廉·舒尔茨（Theodore W. Schultz）认为人力资本包括量与质两个方面，量仅代表人力资本多少，质代表知识、技艺、熟练程度和影响生产工作能力的东西，质的方面是人力资本内涵。人力资本与个人收入之间有着紧密联系，教育水平的提高是个人收入增长和收入差距缩小的根本原因。教育对个人收入的影响主要表现在：第一，人力资本投资增加使物质资本投资和财产收入下降，促使个人收入分配趋于平等；第二，提高教育水平会缩小因受教育不同而产生的相对收入差别；第三，教育能提高收入能力，影响收入分配，改变收入不均衡状态。在舒尔茨将人力资本引入经济增长和收入分配研究的基础上，雅各布·明塞尔（Jacob. Mincer）把人力资本作为个人收入分配的决定因素来考察，建立了人力资本与个人收入分配关系模型，从人力资本投资方面说明了收入差距产生的原因，认为不同的人力资本投资决策决定了不同的收入分配格局。加里·贝克尔（Gary Stanley. Becker）认为，人力资本投资与个人未来收益之间是存在紧密联系的，均衡条件是人力资本投资的边际成本当前价值和未来收益的贴现值相等，将人力资本投资重心从正规学校教育扩展到劳动力培训领域。

这些理论不仅强调人力资本投资的重要作用，肯定教育投资是人力资本投资的主要形式，而且认为对人力资本的投资是个人收入的内生决定因素，有利于调节个人收入的差异。Benjamin（2004）认为，劳动力教育水平的提高对中国农民收入提高有着正的效应，因为劳动质量的提高提升了土地管理效率，减少了农民收入中土地劳动的时间，同时良好教育的劳动者在非农产业中的收入更为重要，教育水平的提高有利于增加农民收入和缩小收入差距。国内相关研究主要集中在分析农村人力资本投资区域差异和农村居民收入区域差异关系，以及如何增加人力资本投资缩小区域农村居民收入差距等问题上。如张晓辉（2001）认为，农村家庭劳动力中受过初中、高中或者职业技术教育的人数比例，对农民收入区域差异程度有着重要影响，劳动力素质越高则某些高收入行业带来的收入机遇就越大，随着教育的发展，农民收入不平等现象会趋于减弱；刘纯阳和高启杰（2004）认为，中国农村人力资本区域差异是现实存在的，人力资本差异是导致农民收入区域差异的重要原因，但不是导致农民收入差距扩大的原因，提高落后地区农村教育边际收益率有利于缩小农民收入区域差距；万广华（2004）认为，对区域间农民收入不平等而言，农村教育是第二或者第三重要的因素，由于对技术工人的需求逐渐上升，农民对教育的投入也逐渐增加，因此，在导致区域农民收入不平等因素中，教育变得越来越重要，缩小区域间人力资本差异有利于缓解区域农民收入差异，必须提高贫穷地区教育质量和增加教育机会；靳卫东（2007）认为，农民收入差距与人力资本投资相互影响，解决农民收入差距的根本途径在于对农民人力资本投资超过"最小临界门槛",公共财政政策是消除农村贫困和农村居民收入差距的关键;朱韵洁和于兰(2011)认为,人力资本影响农民的生产、信息和资源配置方式,从而影响农民收入增长和收入差距,人力资本对农民收入影响最大的地区不是东部和西部地区,而是边际收益递增的中部地区。

(二)生命周期理论

生命周期理论在探讨人力资本对收入的作用基础上,把年龄与收入关系也纳入个人收入分配分析框架。Gary. S. Becker(1975)运用了年龄—收入曲线证明:在人的一生中收入是不断变化的,在缺乏经验的青年时期收入较低,中年时期收入达到最高点,之后收入趋于下降,收入最高点随着受教育年限不同而逐次向上移动。在整个年龄范围中,收入大致呈现出一个倒"U"形趋势,年龄是个人收入分配不平等的一个重要内生因素。李实(2000)认为从年龄结构看,60岁以下收入随年龄增长而增长,在50—59岁之间收入达到最高点,之后又逐渐减少。毕先进(2010)认为,中国农村居民收入与年龄存在倒"U"形关系,完善农村养老和社会保障有利于增加农民收入和缩小农民收入地区差异。

人力资本对农村居民收入区域差距的影响主要表现在教育差异,而教育年限和水平的调整又可以缓解由于年龄结构不同带来的区域收入差异,因此,生命周期理论和人力资本理论是紧密联系的,虽然两者分析的侧重点略有不同,但都是通过把个人内生因素分析纳入个人收入分配框架中,主张通过调整农村居民内在因素而缓解农村居民收入区域差异。

二 个人外生因素决定的收入差距模式理论

外生因素对个人收入的决定和收入分配差距的影响也较大,这方面理论主要研究制度和一些宏观变量对收入差距的决定,主要包括机会不平等理论和收入再分配理论。

(一)机会不平等理论

机会不平等理论从个人面临的机会角度去考察收入差距,认为机会不平等是导致收入差距的一个重要原因。约翰·罗默(John E. Roemer)认为,由个人所处的背景或者环境差异而导致的收入差距是不合理的,这是机会不平等的表现,包括地区、行业、性别等。机会不平等包含客观上的不平等和主观上的不平等,市场分割、教育不平等以及制度安排初始内容不平等都属于客观上的不平等,而个人自身能力和素质差异则是主观上的不平等。主观上的不平等可以通过个人的人力资本积累去改善，客观上不平等的完善则是一个复杂而又极其重要的任务。区域间的机会不平等主要表现为二元结构的存在，包括政策体制上二元结构和社会经济上的二元结构，这些二元结构导致区域间个人收入机会的不平等，进而产生区域间个人收入差异。对于机会不平等造成的区域收入差距，需要通过市场与政府共同努力，促进区域间个人收入的机会平等，比如为落后地区提供更多受教育机会，建立和完善统一的大市场和人才流动机制，消除用工身份歧视政策等。

从机会不平等角度研究中国农村居民收入区域差异的文献不是很多，现有的文献多数是从教育、性别、地区和行业等侧面分析。如魏后凯（1997）认为，中国东部地区乡镇企业发达，农户的非农就业机会多于中、西部地区，造成东、中、西部地区农民收入差距扩大；高思安和栾敬东（2008）认为，区域间农村工业化发展水平所造成的非农就业机会不平等，以及农村居民在获得非农就业机会能力上的差异，是导致区域农民收入水平差距的重要因素，促进区域间农村人口流动和农民人力资本积累有利于改善非农就业机会不平等状况。

（二）收入再分配理论

市场对资源的配置能达到经济上的最优，但无法实现收入分配在社会意义上的理想状态，不能解决收入差距过大的问题，而收入再分配则可以达到缩小收入差距的目的。收入再分配理论主要研究政府为什么以及如何参与分配来解决社会分配不公平的问题，约翰·罗尔斯（John Rawls）认为，国家通过收入再分配帮助穷人和弱者是合理的，有利于改善贫富差距。阿瑟·奥肯（Arthur M. Okun）认为，追求市场效率与追求个人收入平等之间存在不可避免的冲突，牺牲某些效率来换取平等的方法就是再分配。收入再分配是政府通过税收、财政转移支付和社会保障等途径，对居民收入差距进行调节，以补充和校正收入初次分配，促使社会分配关系趋于合理。通过税收进行收入再分配有两种形式，一是对流量收入再分配，即通过增收个人所得税进行再分配，二是对存量收入再分配，即对财产收入进行调节；财政转移支付是调节区域收入差异的一个重要政策手段，包括一般性转移支付和专项转移支付两种，两种转移支付制度对区域间收入再分配都有重要的作用；区域间社会保障制度的差异性是导致区域收入差距的一个重要原因，加强社会保障制度建设是协调区域发展和缩小区域收入差距的重要措施，包括健全和完善社会救助、福利、优抚、保险和互助等内容。

国内一些学者对收入再分配问题和农村居民收入区域差异问题进行了探索性的研究，如董金松（2004）和杨劲（2008）认为，收入再分配对缩小农民收入差距有着重要的意义，农民收入再分配不是交换性的收支，而应该是转移性的收支，通过税收、社会保障和转移支付把收入差距控制在一定范围内。一些学者分别考察税收、转移支付和社会保障与农村居民收入区域差异的关系，如朱丽萍（2005）认为，税收制度是调节收入再分配的重要政策工具，通过建立一种以个人所得税为主体，以其他税种为补充，覆盖个人收入全过程的税收调控体系，实现税收对个人收入差距的有效调节；张明喜（2006）认为，要发挥转移支付在缩小居民收入差距中的作用，一方面要从质和量方面进行调节，提高转移支付总额和效益，另一方面要完善转移支付制度，按照法定公式和客观因素进行分配，更多地倾向于落后地区和公共投入；陈建宁（2010）认为，社会保障是收入再分配调节的重要手段，有利于缓解收入差距状态，要进一步完善农村社会保障制度，扩大社会保障覆盖面，多渠道筹集社会保障资金，发挥社会保障在缩小农民收入差距中的重要作用。

个人收入差距理论从内生和外生两个角度阐述了个人收入的决定和影响因素，认为在资源禀赋既定的条件下，人力资本积累决定了个人收入水平，教育对收入有着重要的作用；市场对资源的优化配置会导致收入差距的扩大，政府应该在调节个人收入差距中发挥积极的作用，利用收入再分配政策把收入差距控制在一定范围内。国内外学者对个人收入差距进行了大量研究，成果也颇为丰硕，但总体来看，缺乏严谨的数理推导，对差距大小的衡量由于方法各异导致结论争议很大，虽然一致认为政府应该通过收入再分配政策调节个人收入差距，但对政策实施的效果也存在正反两方面观点。

第三节 收入差距趋势理论

关于收入差距演变趋势的问题，经济学界进行了广泛的研究和热烈的争论，不同理论对收入差距是趋同还是趋异持不同观点。新古典（Neoclassical）收入分配理论依据要素边际报酬递减假说，得出收入差距在空间上平等能自动实现的结论；以西蒙·史密斯·库兹涅茨（Simon Smith Kuznets）为代表的倒"U"形理论认为收入差距从长期看遵循先扩大后缩小的发展趋势。

一 新古典的收入分配理论

新古典收入分配理论以生产要素的边际生产力为基石，用柯布—道格拉斯生产函数来分析生产和分配之间的关系。在生产函数 $Y = AL^{\alpha}K^{\beta}$①中，Y、L、K 分别为产出、劳动和资本，A、α、β 为待估参数，劳动的边际产品为 $MP_L = \partial Y/\partial L = A\alpha L^{\alpha-1}K^{\beta}$，资本的边际产品为 $MP_K = \partial Y/\partial K = A\beta L^{\alpha}K^{\beta-1}$，那么劳动在国民收入中所占份额为 $(MP_L \cdot L)/Y = A\alpha L^{\alpha-1}K^{\beta} \cdot L/Y = \alpha$，资本在国民收入中所占份额为 $(MP_K \cdot K)/Y = A\beta L^{\alpha}K^{\beta-1} \cdot K/Y = \beta$，从收入分配看 α 和 β 分别为劳动和资本的收入份额，值的大小取决于劳动资本产出比、替代弹性、技术进步以及市场类型等。新古典理论认为在完全竞争市场中，劳动和资本的逆向运动能够实现最优效率组合，空间上的平等能够自动实现。如果区域间是相互开放的，在边际收益递减规律下，要素在区域间流动能够自动修复区域间收入不平衡，使区域收入趋于均衡。Barro（1991）认为，收入的增长速度与收入起始水平呈负相关关系，落后地区与发达地区收入水平最终会趋于相同。

然而，也有许多学者并不赞同收入分配会趋同，新剑桥学派代表人物尼古拉斯·卡尔多（Nicholas Kaldor）通过对经济增长模型推导，认为经济增长加剧了收入分配关系失衡，引起收入分配趋异，只有通过调节工资与利润，实现均等化分配才能缓和收入差距。内生增长理论认为发达地区拥有较高的人力资本存量，并不会因为要素边际报酬递减而降低发展速度，所以收入差距不会出现"趋同"现象。非均衡增长理论也认为在市场机制下，区域间差异必然会自我强化，导致区域收入差距持续扩大。

二 库兹涅茨的倒"U"形理论

库兹涅茨（1955）提出了收入差距和经济发展变化关系的倒"U"形理论，认为在经济增长过程中收入分配差距将发生倒"U"形趋势性变化，即在经济发展初期，收入差距趋于不平等，然后经历收入差距暂时稳

---

① 边际生产力理论要素分析有两种生产要素和多种生产要素两种形式，本书为了简化分析，采用两种生产要素形式分析要素的流动和需求。

定阶段，到经济发达时期，收入差距逐渐趋于平等。库兹涅茨认为经济发展初期收入差距扩大的原因主要有两个：一是储蓄和积累集中在少数人手中，导致了收入极化效应；二是工业化和城市化带来了非农产业拥有较高收入。随着经济发展，非农部门处于支配地位，收入差距不断缩小。收入差距总体变化趋势呈现出倒"U"形，但也受到一些因素的影响和抵消，使收入差距状况由恶化向缓和转变，这些因素主要有：一是政府干预，如税收和转移支付等；二是富人阶层中人口比重的减少，富人更倾向于控制生育；三是技术进步和新兴产业的发展，提高了社会成员的总体收入水平。

关于库兹涅茨倒"U"形理论是否具有普遍性的问题，一直备受争议。阿瑟·刘易斯（W. A. Lewis）在二元结构理论中关于收入差距变化趋势得出与库兹涅茨基本一致的结论。刘易斯用劳动和资本要素的供求关系变化分析了要素的收入分配，认为在经济发展初期，现代部门工人工资高于传统部门农村居民收入，收入差距得到不断扩大，随着现代部门不断吸收更多的劳动力，社会收入差距可能静止或者不变，当经济进入高阶段发展时，劳动力要素变得越来越稀缺，传统部门收益上升，现代部门收益下降，社会收入差距开始缩小。威廉姆森（J. G. Williamson）将库兹涅茨倒"U"形理论引入区域空间研究中，提出了区域经济差异的倒"U"形理论，认为经济发展初期，差距在区域间不是很大，伴随经济发展速度不断加快，差距在区域间持续扩大，当经济发展到较高水平时，区域间差距先出现静止，继而不断缩小。威廉姆森认为，区域经济发展的极化差距是国家经济发展的不可逾越阶段，区域差距会经历出现、扩大、缩小和消失的周期性规律变化，随着经济发展和成熟，区域差距最终会消失。

倒"U"形理论考察了经济发展过程中收入差距的长期变化趋势，对研究地区收入差距问题有着重要的参考价值，引发了国内外对收入差距趋势问题的研究。一些学者对倒"U"形现象持肯定态度，如 S. Robinson（1976）在二元经济框架下，用一个简单模型证明了倒"U"形现象已经成为收入差距的一条经济法则或"铁的规律"；郭熙保（2002）认为，中国收入差距也遵循库兹涅茨假说，收入差距的扩大主要是由经济不平衡发展引起的，是经济发展和结构转型的必经阶段；乔榛（2003）和王韧（2004）等认为，中国收入差距总体上符合倒"U"形趋势，这种变动趋势具有明显的时间和空间特征，从长期看收入差距将趋于收敛。马霄鹏

(2013)认为,库兹涅茨倒"U"形曲线在中国二元经济背景下是适用的,但经济增长水平还没有达到引起收入差距缩小的拐点。也有些学者从具体制度和体制出发,研究中国收入分配的倒"U"形现象,如黄泰岩(2001)认为,中国收入差距变动是制度变迁型倒"U"形,与经济体制改革紧密相关,不能单纯地用库兹涅茨假说来解释,目前中国经济发展的实践只能对倒"U"形前半段进行检验;陈宗胜(1991)认为,公有经济中收入差别将呈现倒"U"形趋势,但不同于私有经济下的库兹涅茨曲线,在大多数时点上私有经济的倒"U"形曲线都高于公有制经济中的倒"U"形曲线。还有些学者对倒"U"形持否定的态度,蔡昉(2000)认为,中国在地区经济发展中不存在普遍的收入趋同现象,但形成了东、中部和西部三个趋同俱乐部,存在条件趋同,只有做到政策趋同才能带来地区经济趋同;王检贵(2000)认为随着经济发展,收入分配可能出现持续恶化、持续好转或者倒"U"形走势三种现象,从经验和计量上看,倒"U"形假说都受到极大挑战。

关于中国农村居民收入区域差距发展趋势,大部分学者认为差距在持续扩大,如魏后凯(1997)认为,中国省际和"三大地带"间农村居民家庭人均纯收入的差异都出现明显扩大趋势,从动态角度看,中国农村地区居民收入差异的扩大是各地区农村居民收入增长不平衡的结果,各地区现有农村居民收入水平的高低是过去历史时期居民收入增长速度不同的结果;白雪艳(2001)认为,在农村居民收入普遍提高的基础上,农村居民总体收入差距呈现不断扩大趋势,随着农村工业化的起步,农村省际间收入差距拉大,经济发达地区内部省际间收入差距程度比欠发达地区内部省际差距程度要大得多,东、中、西三大地带间收入差距也不断拉大;王弘(2013)认为,发达地区农村居民在财产收入、收入渠道和来源以及生活消费等方面比贫穷地区都要优越,导致了区域农村居民收入的极化效应即区域间收入差距不断拉大。此外,陈英乾(2004)、张车伟(2004)和张藕香(2007)等认为,由于地区间农民收入起点差别,经济增长不但没有缩小地区间农民收入差距,反而造成地区间农民收入长期扩大趋势,并且这种趋势有可能继续扩大。万广华(1998)和王洪亮(2006)考察了农村居民收入省际间差距,认为省际间农民收入高低的先后次序稳定性越来越强,高低收入省份之间农民收入差距越来越大。也有些学者对中国农村居民收入区域差距发展趋势持不同观点,如张琦和范丽娜

(2008) 认为，中国区域间农村居民收入绝对差继续拉大，而相对差呈现波动态收敛趋势；赵晓峰和霍学喜 (2007) 认为，中国农村内部东、中、西部地区之间农民收入差距在 20 世纪 90 年代前呈倒 "U" 形，之后呈典型的 "U" 形分布，说明 20 世纪 90 年代末农民收入区域差距扩大了。

新古典收入分配趋同理论和库兹涅茨倒 "U" 形理论，对研究中国农村居民收入区域差异趋势问题都有着重要的指导意义，但是否具有普遍适用性还需要进一步证明，需要结合不同空间、时间和制度等分别进行考察。关于中国农村居民收入区域差距发展趋势的研究，由于采用的方法和时间段的差异以及地域划分的不同，得出的结论也相差很多甚至相反。

第四节 国内外其他相关研究

经济发展的过程在区域空间上并不是同时开始和均匀地扩散，首先从一些自然地理条件较好的区域开始，这些区域由于初始优势比其他区域获得超前发展，再通过积累效应持续积累有利的因素，强化和加剧了区域间的不平衡。各国都积极采取政府干预的手段，缓解农村居民收入区域差异给经济和社会发展带来的负面影响，农村居民收入的区域差异问题也不可避免地成为区域差距研究和收入差距研究的一个重要课题。

在中国，由于平均思想以及统计数据和统计方法的约束，农村居民收入差距问题一直到承包责任制以后才引起关注，20 世纪 70 年代末至 80 年代初主要集中定性讨论分配体制和社会性质关系，收入差距程度的探讨几乎空白；80 年代中后期对收入差距的讨论开始出现（唐平，1987；陈宗胜，1991），提出了"公有制经济发展中的收入分配倒 'U' 形理论"，此时农村居民收入差距的研究包含在全国居民收入差距研究之中；90 年代以来出现专门研究农村居民收入差距的文献（张平，1992；赵人伟，1994），农村居民收入差距问题研究路线逐渐变细，此时，农村居民收入区域差距问题的研究也开始出现（朱向东，1990；贺菊煌，1992），测度指标开始出现；90 年代后期以来，对农村居民收入区域差距研究进一步细化，表现为研究方法多样化和研究指标分解，更加注重实证研究，研究对象也从区域总体研究向区域间和区域内深入（万广华，1998；张平，1998）；21 世纪以来，研究农村居民收入区域差距的文献逐渐增多，研究领域越来越广，程度越来越深,问题越来越细,除了上述结合理论分析的现状研究、原因研究和趋势研究以外,还涉及影响因素研究和适度性研究等。

一 农村居民收入区域差异影响因素研究

对农村居民收入区域差异影响因素研究的文献较多,既有定性的描述也有定量的分析,概括起来可以分为从收入构成方面、农村结构方面、资源地理方面以及其他因素方面对农村居民收入区域差距影响因素进行研究。

首先,收入构成方面。部分学者从收入来源的构成方面研究农村居民收入区域差异的影响因素。李实和赵人伟(1998)通过按收入来源分解农村居民收入不平等的方法,认为农村居民收入差距的变动主要源于收入构成的变动,家庭经营性收入份额的不断减少和个人工资性收入比重的不断上升导致了差距的不断扩大,非农收入是农村居民收入差距的一个重要影响因素;白菊红(2002)基于中国农村住户调查数据,利用收入不平等的基尼系数及分解方法,分析认为中国省际间农村居民人均纯收入不平等程度在逐渐扩大,工资性收入是省际间农村居民收入差异的重要影响因素之一;薛宇峰(2005)认为,农户家庭经营收入下降是造成东、中、西部农村居民收入区域差异的最重要因素,区域非农化分布的不均匀对农民收入区域差异有重要影响;王洪亮和徐翔(2006)通过对基尼系数的变动分解显示区域间农民收入差距扩大主要源于收入结构效应,工资性收入在农民收入中的比重越来越大,导致收入差距不断扩大;刘娟和王秀清(2006)认为,非农收入对农村居民收入不均等有着重要的影响且影响程度逐年扩大,家庭经营收入和工资性收入是导致收入不均等的重要原因,但家庭经营收入的影响程度在不断降低而工资性收入影响程度在逐年增加;孙慧钧(2007)认为,工资性收入一直发挥着拉大农民收入区域差距的作用,而家庭经营收入发挥着缩小农民收入区域差距的作用,但缩小的作用远远低于拉大的作用,因此区域间农民收入差距不断扩大;汪本学(2012)和覃成林(2012)认为财产性收入和家庭经营性收入对地区农村居民收入差距贡献率达90%以上,其中工资性收入贡献率不断上升,而家庭经营性收入贡献率逐年下降;另一些学者则认为,非农产业的发展并没有扩大农村居民收入区域差距,反而对收入差距有着缩小的作用,如 Alain de Janvry (2005)认为,非农收入对农村收入差距起到了均衡化的作用,非农收入的不均衡提高了贫困农民的收入,缩小了农村贫困人口的收入差距。

其次，农村结构方面。一些学者从结构方面考察农村居民收入区域差异影响因素，认为结构的不同带来了收入差距。赵人伟（1994）认为，区域农民收入差异取决于生产水平差异，而生产水平差异最终由农村产业结构变革决定，这一变革是以乡镇企业为标志的，同时二元结构对农民收入水平区域差异影响也是明显的；万广华（1998）通过对基尼系数变化分解，认为结构性效应大多是差距促增的，结构的变化是农村居民收入区域差距拉大的主要因素；马九杰（2001）认为，农业结构和农村产业结构与农民收入差距变动有着紧密联系，结构的变化使得部分人获得更多的好处，收入差距可能因为结构的变化而扩大。

再次，资源地理方面。Bjorn Gustafsson（2002）认为至少有一半以上的农民收入差异是地理因素造成的，但随着时间的推移，农业的收入比重越来越低，地理因素对农民收入区域差异的影响逐渐降低；万广华（2005）通过对农户数据进行回归分析，认为地理因素是影响农民收入区域差异的一个重要因素，它与地域文化、基础设施以及市场远近等密切相关，但由于地理因素短期内不可改变，收入差距又呈现上升趋势，所以地理因素对收入差距的影响呈现下降趋势。

最后，其他因素。也有一些学者从教育、制度等方面分析农村居民收入区域差异的影响因素，如 Benjamin（2005）认为，农村居民教育水平的提高对农村居民收入有正的效应，主要表现在提高了土地管理水平、减少了土地劳动时间以及增加了非农收入来源等，提高农村居民受教育水平有利于提高农民收入和缩小区域间农民收入差距；此外，张平（2008）认为，现行农村社会保障制度对缩小农民收入区域差异作用有限，王国栋（2008）认为，有效的投资政策和财政政策有利于缩小农民收入差距。

国内外学者对农村居民收入区域差异影响因素的研究逐渐深入，范围越来越广，研究方法也越来越多，从对诸多影响因素分析中可以看出，非农收入对农村居民收入区域差异的影响逐渐受到重视，但是对非农收入的细化分解却不够深入，仅停留在农村居民收入四个来源构成层面；同时，虽然体制、政策和改革对农村居民收入区域差异影响给予了重视，但仍停留在定性分析，如何进行指标量化还需要进一步深入研究。

二　农村居民收入区域差异适度性研究

科学认识和判断当前农村居民收入区域差异的适度性，对区域政策决策者有着重要的意义。国内学者对收入差距适度性问题进行了一些尝试性的研究，最早是国家计委宏观经济研究院课题组（2001）对城镇居民收入差距适度性进行的问卷辅助性研究，提出几点探讨意见：第一，判断的原则，分别从经济增长和社会稳定两个方面作出对各自的评价，如果对经济增长起到激励促进作用同时又未超过公众主观承受能力，那么此时收入差距基本适度；第二，收入差距对经济增长的影响主要体现在对消费和投资的影响两个方面；第三，收入差距对社会稳定的影响主要体现在社会成员的主观承受能力，具体表现为理解能力、应急能力、耐压能力、平衡能力；第四，判断的标准，主要为基尼系数、倒"U"形拐点和其他辅助性指标。通过判断得出结论认为：中国城镇居民收入差距对经济增长的影响更多地表现为激励和促进作用，对社会稳定更多地表现为不平感增强但仍在主观承受范围之内。后来陆续有些学者也对城镇居民收入差距适度性进行了一些试探性研究，任红艳（2006）将效率和公平的统一作为判断收入差距适度性的基准，并视为是否激励经济增长和社会稳定的原则，结论认为城镇居民收入差距的适度拉开对效率有明显的激励促进作用且仍有上升空间，从公平角度看，虽未达到社会承受系统的上限但已明显偏大。文魁和任红艳（2007）对收入差距适度性指标设计进行了思考，在对柯布—道格拉斯生产函数修正和对基尼系数改进的基础上，推导出了"收入差距适度性指数"。张敏（2010）根据距离协调度公式，对城镇居民收入差距与社会经济发展协调度进行了计算，并使用灰色预测法对差距适度性进行预测，分析的结论认为，1985—2005年城镇居民收入差距与社会经济发展协调度呈现波动发展并出现下降趋势，未来三年协调度有可能回升但非常缓慢。

从上述文献分析可以看出，关于农村居民收入差距适度性或者农村居民收入区域差距适度性研究的文献几乎空白，基本上是沿用城镇居民或城乡居民收入差距适度性判断标准和指标体系。樊丽淑（2005）对地区农村居民收入差距适度性判断提出指标体系构建，认为判断地区间农民收入差距是否适度应该从经济发展水平、经济制度与体制、差距的阶段性和社会承受力、差距的相对性等方面考虑，选择基尼系数、变异系数及若干辅助指标作为农村居民收入区域差异适度性的判断指标体系。

第五节　理论模型和研究问题提出

一　理论模型

20世纪50年代中期库兹涅茨提出了关于经济增长与收入差距的倒"U"形假说，即随着经济不断发展，收入差距呈现出先扩大后缩小的倒"U"形轨迹。威廉姆森将倒"U"形假说引入区域经济发展，认为随着区域经济发展，区域间差距出现先扩大后缩小的趋势。倒"U"形假说在理论和实证上都引起了激烈的争论，国内外诸多学者纷纷尝试对倒"U"形假说进行数理模型推导和实证检验，以验证假说的正确性和适用性。本书以区域收入差距理论、个人收入差距理论和收入差距趋势理论为基础，借鉴 Robinson（1976）两部门劳动力转移思想，将推导方法引入到农村区域间，以验证倒"U"形假说在区域间农村居民收入差异中的适用性。

（一）理论模型的推导

1. 基本假设

假设1：假设整个农村区域划分为两个体系，即高收入农村区域 A 和低收入农村区域 B，高收入农村区域农村居民收入水平高于低收入农村区域；

假设2：农村劳动力要素在两个体系中可以自由流动，劳动力流动的根本原因是收入差别；

假设3：农村居民收入差异体现在两个体系之间，区域内部农村居民收入没有差别。

2. 模型的数学推导

假定农村区域 A 和 B 的人口份额分别为 W_A 和 W_B，则：

$$W_A + W_B = 1 \tag{1.1}$$

再假定区域 A 和 B 的农村居民收入的对数均值分别为 Y_A 和 Y_B，则两个区域农村人口收入的对数均值为：

$$Y = W_A Y_A + W_B Y_B \tag{1.2}$$

同理假定区域 A 和 B 的农村居民收入的对数方差分别为 δ_A^2 和 δ_B^2，则两个区域农村人口收入的对数方差为：

$$\delta^2 = W_A \delta_A^2 + W_B \delta_B^2 + W_A(Y_A - Y)^2 + W_B(Y_B - Y)^2 \tag{1.3}$$

由于方差能反映出群体收入的离散情况,因此可以用方差来考察收入不平等情况,方差越大表明不平等收入程度越大,而对数方差并没有改变方差的性质,所以对数方差 δ^2 可以测量区域农村居民收入不平等情况。

随着经济发展,高收入区域人口份额不断增加,因此从 W_A 和 δ^2 的相互关系及其变化情况中可以反映出区域农村间收入差距与区域农村经济增长的趋势关系。将 (1.1) 式、(1.2) 式代入 (1.3) 式消除 W_B 和 Y 后可得:

$$\delta^2 = -(Y_A - Y_B)^2 W_A^2 + [(\delta_A^2 - \delta_B^2) + (Y_A - Y_B)^2] W_A + \delta_B^2 \quad (1.4)$$

设 $H_1 = -(Y_A - Y_B)^2$,$H_2 = (\delta_A^2 - \delta_B^2) + (Y_A - Y_B)^2$,$H_3 = \delta_B^2$,则 (1.4) 式可以表示为:

$$\delta^2 = H_1 W_A^2 + H_2 W_A + H_3 \quad (1.5)$$

在 (1.4) 式中如果 Y_A、Y_B、δ_A^2 和 δ_B^2 保持不变,则对数方差 δ^2 为 W_A 的二次函数。由于 $H_1 \leqslant 0$,故 δ^2 为开口向下的抛物线,即随着 W_A 的不断增加,反映农村区域 A 和 B 的农村居民收入不平等程度的不断扩大,而后达到最大,最后又趋于缩小,说明区域间农村居民收入不平等趋势呈现倒"U"形变化。

(二) 理论模型的结论及修正讨论

两部门理论认为劳动力流动是经济增长过程中必然伴随的现象,也正是因为劳动力在部门间不断追求收益最大化,带来了部门间收入差距呈现先扩大后缩小的倒"U"形轨迹。将两部门劳动力流动及收入差异变化相关理论引入农村区域间可以分析农村区域间劳动力流动和收入差异的变化趋势,理论模型推导结论说明农村居民区域间收入不平等趋势长期来看会呈现出倒"U"形变化,这也验证了库兹涅茨倒"U"形假说在区域间农村居民收入差异的适用性,但这也仅仅是一个理论假说,需要进一步通过实证进行检验,需要对农村居民收入区域差异的演变历程、发展现状以及未来趋势进行实证分析,以考察本书理论假说的适用性。

本书的理论模型推导仅能作为一个有待进一步实证验证的假说,一些假设条件和推导的结论需要进一步修正和商榷。比如在模型的假设方面,为了简化分析,只假设了农村区域间劳动力的自由流动,其实除了劳动要素外,资本、技术以及知识等要素在区域间也不断流动且贡献越来越大;其次,农村区域间劳动力的流动方向需要进一步分类探讨,一般来说农村劳动力流动应该首先发生在高收入区域内部，由农村流向城市，然后才出现低收入区域内部农村流向城市以及低收入区域农村流向高收入区域城市，以至最后的回流现象，在本书理论模型推导中进行了简化分析，并没有对劳动力流动方向进行分类探讨；再次，本书为了简化分析假设收入差距只存在区域间，事实上区域内部也存在收入差距；最后，在（1.4）式中假设Y_A、Y_B、δ_A^2和δ_B^2保持不变，得出对数方差δ^2为W_A的二次函数，事实上农村居民收入的对数均值和对数方差在不同年份值是存在差异的。针对上述理论模型推导中存在的缺陷，一些学者也进行了积极讨论，如王检贵（2000）讨论了工业化进程中收入分配可能出现的三种情况即持续恶化、持续好转以及倒"U"形走势；王韧（2004）采用了居民收入的自然平均数代替对数均值，对倒"U"形中心轴线的具体位置进行了区间分析。这些改进可以作为今后进行深入理论推导研究时的参考。

二 研究问题的提出

收入差距问题一直是经济学关注的重要研究领域，居民收入区域差距是差距问题的重要组成部分，而农村居民收入区域差异问题更是经济社会研究的热点。中国农村居民收入的区域差异是什么情况？它的未来发展趋势以及与区域农村经济社会发展的适度性如何？这些问题的研究虽然在国内外诸多学者的不懈努力下取得了一些丰硕的成果，但局限于研究方法和研究角度的不同而难免存在一些值得进一步探究的地方。本书研究的理论问题就是要对中国农村居民收入的区域间差异问题做进一步深入分析，以填补收入差距问题研究的空白。

资源总是稀缺的，由于资源分布的非均匀性和优化配置原则，必然导致区域收入差距问题。对收入差距问题的研究不仅包括差距的测度，更重要的是分析差距产生的原因，最终是为了解决如何缩小差距问题。本书研究的实践问题就是分析农村居民收入在区域间是否存在差异，低收入区域的农村居民拥有较低收入水平的主要原因是什么，是源于农业发展水平低还是非农产业发展落后或者其他什么原因？区域间农村居民收入差异与农村经济社会发展是否适度以及未来趋势如何？在此基础上进一步探讨低收入区域如何提高农村居民收入水平，以及高收入区域应该如何在发展的前提下带动低收入区域共同发展问题。

第二章　中国农村居民收入区域的分类

地域差异论主张从地域空间分布和区位特征解释区域间收入差异情况，收入高的地区有优越的地域特征，收入低的地区地域特征较恶劣，因此从区域间农村居民收入角度对中国区域进行划分是研究农村居民收入区域间差异的前提。本章的研究旨在打乱原有的区域分类，依据农村居民收入水平及相关决定因素，对区域进行重新划分，为进行中国农村居民收入区域差异分析界定地域空间。

第一节　文献分析和必要性研究

一　相关文献分析

对中国农村居民收入进行区域差异分析的前提是科学划分区域，区域类型划分和单元选择是这项研究的一个重要步骤，关系到分析结论的正确与否。在现有的研究居民收入差距文献中对中国区域分类可以大致划分为两种情况，一种是行政区域或地带划分，如 Xin Meng（1998）、刘纯阳（2004）、张车伟（2004）和黄继炜（2008）等以省为区域单元，考察农村居民收入省际差异、趋势以及原因；黄小清（1994）在探讨中国农村居民收入区域分布格局时考察县域差异的变动特点，分析了县际差距和农村居民收入水平绝对值间的反向关系；朱向东（1990）、马国强（1994）、唐平（1995）和于祖尧（1997）等考察了东、中、西部三大地带间和地带内部农村居民收入差距，分析了地带间差距和地带内部差距对总差距的影响程度；王恩东（2003）分析了东、中、西部和东北部四个地带收入差距，测度地带间收入差距和地带内差距对总差距的贡献率；刘纯彬（2010）研究了沿海和内陆地区的农村居民收入差距，对地区内和地区间农村居民收入差距进行了考察。另一种是根据研究的目的依据相关指标或指标体系进行的区域重新分类，如胡鞍钢（1995）和李颖（2002）依据各省人均收入水平与全国人均收入水平比值，将全国划分为低收入组（75%以下）、中下收入组（75%—100%）、中上收入组（100%—150%）和高收入组（150%以上）四个区域；姚琼（2002）基于农村居民人均纯收入指标，用聚类分析将31个省划分为高、较高、中等和低4个收入区，得出农村居民收入的区域特征分布图并分析了特征的影响因素；朱志雯（2008）从农村居民收入来源角度，基于农民人均纯收入、工资性收入、家庭经营纯收入、转移性收入和财产性收入五个指标，采用聚类分析将全国聚为六个区域；曾志艳（2010）基于农民收入来源四个指标，将全国划分为八个区域，分析不同区域增收的针对性政策。

二 必要性分析

农村居民收入差异视角下的中国区域类型的划分，如果仅借用行政区域划分或者脱离农村居民收入因素的其他研究目的的区域分类，则会忽视农村居民收入在同类区域内部较大差异性和不同类区域间不可比性，存在"地理决定论之嫌"（胡鞍钢，1995），导致分析结论的根源性错误。依据农村居民收入作为划分区域类型的唯一标准，虽然跨越了自然地理和行政单元界限（陈宗胜，2002），但忽视了区域农民收入水平和经济发展程度是否吻合，遗漏了一些决定农村居民收入差距的深层次因素，造成区域划分的片面性。因此，对农村居民收入区域差异性分析，必须打乱原有的区域分类，依据农村居民收入水平及相关决定因素，对区域进行重新划分。

第二节　指标体系构建和权重赋予

一　指标体系构建

在农村居民收入区域差异特征指标体系设计中，仅采用农村居民人均纯收入作为唯一指标或者仅以农村居民收入四种来源即工资性收入、家庭经营纯收入、财产性收入和转移性收入作为区域划分依据，只能呈现出居民收入的表象特征，不利于剖析收入差异的本质规律，例如，无法衡量农村居民收入水平与当地农村经济发展是否适应以及考察农村居民收入相关决定因素等。因此，以农村居民收入指标为主体，结合相关收入的决定与影响因素，构建农村居民收入指标体系作为区域类型划分依据更具有现实意义。在农村居民收入区域差异特征指标体系构建过程中，主要考虑的是：（1）以农村居民收入及收入来源指标为主体；（2）农村居民收入关联指标必须与农村居民收入有直接的紧密联系；（3）数据资料可得性最适宜。

农村居民收入是农村经济活动特别是农业生产活动的表现，与区域自然、经济和社会等诸多因素密切相关，考虑用较少且无关的指标反映农村居民收入区域差异特征，用四个指标组成指标体系，即农村居民收入、农村经济发展、农业经济结构和农业生产条件。反映农村居民收入水平的指标中农村居民人均纯收入更能直接体现农民人均实际所得，其四个组成部分即工资性纯收入、家庭经营纯收入、财产性纯收入和转移性纯收入；农村经济发展、农业经济结构和农业生产条件的组内指标设计充分考虑要与农村居民收入紧密相关，选取了农业产值、非农产业发展以及农业投入等代表性指标。

二 指标权重赋予

对区域类型的划分，不同指标的影响力是有差异的。运用层次分析法（AHP）构造判断矩阵，通过对各因素两两比较重要性，赋予指标相应权重。① 采用各专家对判断矩阵指标重要性标度的平均值，② 运用 Mathpro 软件，求出最大特征值为 12.002 和判断矩阵的维数 12 基本相等，一致性比例 $CR = CI/RI = 0.000 < 0.1$ 说明一致性检验通过，判断矩阵符合一致性要求，得出农村居民收入区域分类各指标的权重。从权重值分布看，农村居民收入指标组中 5 个指标权重和为 0.732，符合指标体系构建以农村居民收入及收入来源指标为主体的原则。

表 2-1　　　　农村居民收入区域分类特征指标体系

目标层	准则层	指标层	权重
农村居民收入区域分类（A）	农村居民收入（B_1）	农村居民人均纯收入（C_1）（元）	0.290
		工资性收入（C_2）（元）	0.148
		家庭经营纯收入（C_3）（元）	0.148
		财产性收入（C_4）（元）	0.073
		转移性收入（C_5）（元）	0.073

---

① 参见侯景新《区域经济分析方法》，商务印书馆 2004 年版，第 227—231 页。
② 分别向农牧局、相关政府部门及高校该领域专家分发了 35 份判断矩阵问卷，各专家依据指标重要性进行打分，为了消除数据运行结果的波动性，对数据处理采用了专家打分的算术平均值。

续表

目标层	准则层	指标层	权重
农村居民收入区域分类（A）	农村居民收入（B_1）	农村居民人均农业总产值（C_6）（元/人）	0.048
		农村居民家庭恩格尔系数（C_7）（%）	0.036
	农业经济结构（B_3）	农村非农从业人员比重（C_8）（%）	0.032
		农村非农收入比重（C_9）（%）	0.036
	农业生产条件（B_4）	农村家庭每户生产性固定资产原值（C_{10}）（元/户）	0.036
		农村人均耕地面积（C_{11}）（亩/人）	0.048
		农村居民家庭劳动力初中以上文化程度比重（C_{12}）（%）	0.032

第三节 中国农村居民收入区域分类的实证分析

一 数据标准化和因子分析

（一）数据标准化处理

数据标准化的目的是为了消除指标不同及量纲不同所带来的影响，从而便于比较。为了消除或减弱样本数据噪声干扰而呈现的不规则波动，对样本数据采用2006—2010年共5年平均平滑法。为了避免样本截面数据的不平稳，对5年平滑后的样本数据进行了取对数处理。为了把标准化数据压缩到 [0, 1] 区间，采用极值标准化即归一化处理，其公式为：$X = \dfrac{(X' - X'_{min})}{(X'_{max} - X'_{min})}$，式中 X 为数据标准化值，X' 为原始数据值，X'_{min} 为原始数据最小值，X'_{max} 为原始数据最大值。归一化过程中，农村居民家庭恩格尔系数（C_7）采用的是负相关处理，[1] 即农村居民家庭恩格尔系数与农村居民收入呈现负向关系。最后，将归一化后的数据乘以各指标的相应权重，得到因子分析和聚类分析的基础数据样本。

（二）因子得分

因子分析是从诸多变量中提取共性因子的统计技术，将本质相同的变量归为一个因子，用少数的随机变量去描述多个变量之间的相关关系。对

---

[1] 依据指标与农村居民收入变化方向将指标划分为正向指标和负向指标，对于负向指标要转化为正向指标，转化方法通常有取负数或取倒数两种方法，本书采用取负数方法处理。

基础数据样本的 KMO 检验值为 0.619，表示变量间相关性比较强，适合做因子分析，Bartlett 球形检验卡方值为 442.273 且 p 值 Sig 为 0.000，表示相关系数矩阵不是单位阵，变量之间存在相关性，适合做因子分析。提取的公因子方差都在 0.9 左右，表明变量共同度非常高，变量中的大部分信息均能够被因子所提取，因子分析的结果是有效的。通过因子分析得到初始特征值大于 1 的共四个主因子，方差的累计贡献率达到 88.392%，旋转后四个主因子的因子特征值占总特征值分别为 31.425%、27.093%、14.946% 和 14.929%。采用 Kaiser 标准化的正交旋转法得出的旋转成分矩阵，使各个因子有了比较明确的含义，C_2、C_8 和 C_9 在第一因子上载荷较大，表明工资性收入与农村非农产业联系紧密；C_1、C_4、C_5、C_7 和 C_{11} 在第二因子上载荷较大，说明耕地面积对农民收入有着绝对作用进而影响农民消费结构；C_6 和 C_{12} 在第三因子上载荷较大，表明农业产值和农村居民素质有着密切联系；C_3 和 C_{10} 在第四因子上载荷较大，说明生产性固定资产原值对家庭经营收入影响较大。

依据成分得分系数矩阵和加权标准化数据，计算出各因子得分，并利用因子得分和旋转后方差贡献率得出综合得分。通过因子分析实现了多变量指标的降维，但这种降维后的综合得分损失了原始变量部分信息，不能直接以排名顺序作为地区划分依据（王学民，2007）。可以在因子分析对指标降维的基础上再对因子得分及因子综合得分进行聚类划分，这样既不会导致变量信息过多损失，又避免了聚类分析过程中多变量指标的干扰，提高聚类划分结果的可靠性。

表 2 - 2   因子得分表

地区	F_1	F_2	F_3	F_4	综合得分	地区	F_1	F_2	F_3	F_4	综合得分
北京	0.09	0.07	0.03	0.10	0.07	湖北	0.05	0.01	0.04	0.10	0.04
天津	0.07	0.04	0.04	0.13	0.07	湖南	0.05	0.01	0.04	0.08	0.04
河北	0.05	0.02	0.04	0.09	0.04	广东	0.06	0.04	0.03	0.09	0.06
山西	0.04	0.01	0.02	0.07	0.03	广西	0.04	0.02	0.00	0.10	0.03
内蒙古	0.02	0.03	0.02	0.10	0.04	海南	0.03	0.02	0.04	0.10	0.04
辽宁	0.05	0.02	0.04	0.11	0.05	重庆	0.02	0.02	0.03	0.07	0.03
吉林	0.03	0.03	0.03	0.10	0.04	四川	0.04	0.02	0.02	0.08	0.04

续表

地区	F_1	F_2	F_3	F_4	综合得分	地区	F_1	F_2	F_3	F_4	综合得分
黑龙江	0.03	0.03	0.03	0.10	0.04	贵州	0.02	0.00	0.01	0.04	0.02
上海	0.07	0.09	0.03	0.04	0.06	云南	0.02	0.01	0.02	0.07	0.02
江苏	0.07	0.04	0.03	0.11	0.06	西藏	0.02	0.02	-0.01	0.07	0.02
浙江	0.09	0.03	0.03	0.14	0.07	陕西	0.03	0.01	0.02	0.05	0.02
安徽	0.04	0.01	0.02	0.08	0.04	甘肃	0.02	0.00	0.02	0.05	0.02
福建	0.06	0.03	0.03	0.11	0.06	青海	0.01	0.01	0.01	0.06	0.02
江西	0.05	0.01	0.03	0.09	0.04	宁夏	0.03	0.01	0.02	0.08	0.03
山东	0.06	0.02	0.03	0.11	0.05	新疆	0.01	0.01	0.03	0.10	0.03
河南	0.05	0.00	0.03	0.10	0.04						

注：F_1、F_2、F_3、F_4 和 F 分别为第一因子得分、第二因子得分、第三因子得分、第四因子得分和因子综合得分。$F = \sum_{i=1}^{4} F_i \cdot W_i$，其中，$F$ 为综合得分，F_i 为第 i 个公因子得分，W_i 为第 i 个因子旋转后的方差贡献率。

资料来源：根据《中国统计年鉴》、《中国农村统计年鉴》、《中国人口统计年鉴》相关数据，使用 SPSS19.1 计算整理。

二 区域聚类结果和对比分析

（一）区域聚类结果

聚类分析法是对样本对象进行集合分组成为由类似对象组成的多个类的分析方法，同一类型中的对象有很大相似性，不同类型中的对象差异性很大。采用 Q 型聚类对 31 个样本地区进行分类，通过分层聚类法对相似程度最高的两类合并成一个新类并不断重复此过程直至得到满意的分类，用 SPSS 软件对因子得分及综合得分进行聚类分析，求新类相似性的方法选用组间连接法（Between - groups Linkage），距离测度选用平方欧氏距离（Squared Euclidean Distance）即 $D_{ij} = \sum_{k=1}^{n} (x_{ki} - x_{kj})^2$。根据聚类表得到聚类系数和分类数的对应关系，作为划分几类的参考。由图 2 - 1 中可以看出，当分类数为 4 时曲线变得比较平缓，因此将 31 个地区划分为 4 类比较适宜。

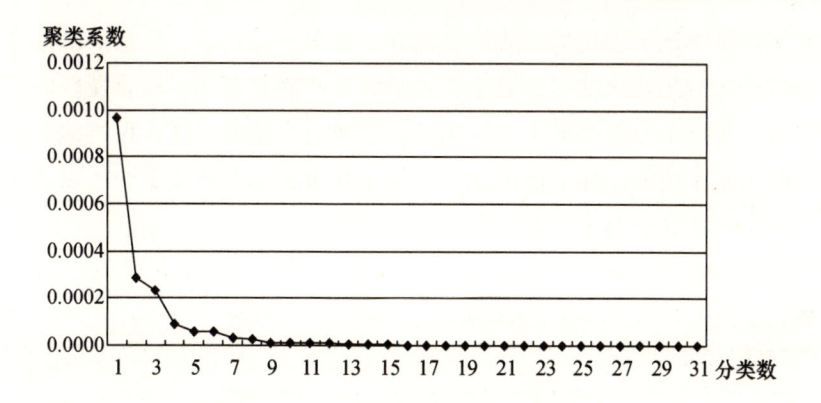

图 2-1 聚类系数随分数变化情况

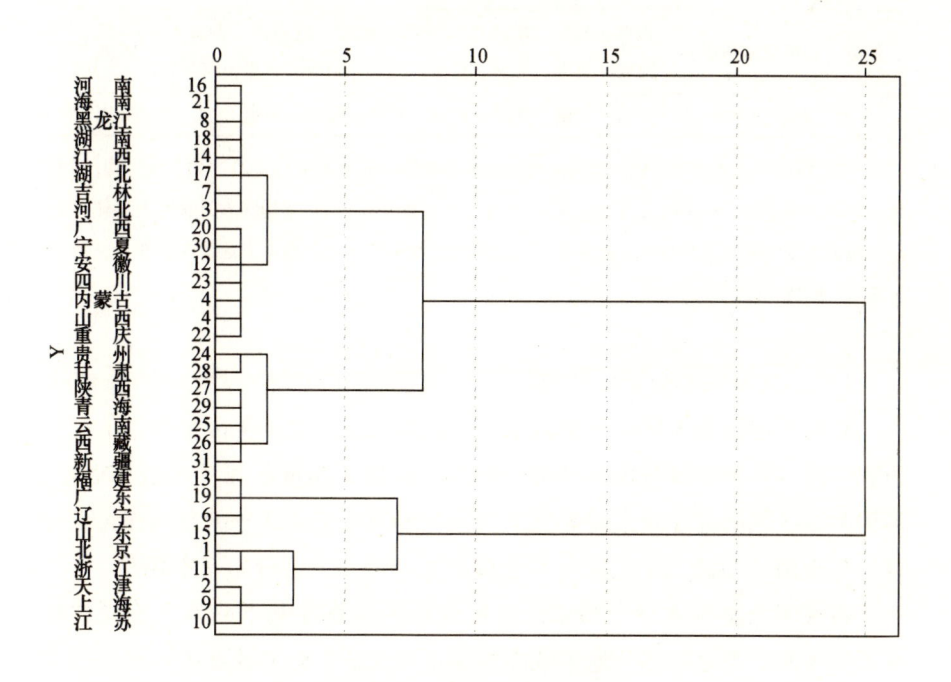

图 2-2 聚类分析树形图

通过聚集成员表和树状图可以得到地区聚类划分结果，Ⅰ类地区农村居民人均收入水平最高，主要包括京津地区和长江三角洲部分地区，位于黄淮海平原农产品主产区和长江流域农产品主产区的沿海地区；Ⅱ类地区农村居民人均收入水平较高，包括海峡两岸经济区、珠江三角洲和环渤海边沿部分地区，属于华南农产品主产区东北部和黄淮海平原农产品主产区东北侧；Ⅲ类地区农村居民人均收入处于全国中等水平，包括中部地区和部分位于东侧的西部地区，属于东北平原农产品主产区、河套灌区农产品主产区、汾渭平原农产品主产区和长江流域农产品主产区；Ⅳ类地区农村居民收入水平较低，属于西部地区，处于甘肃新疆农产品主产区以及华南农产品主产区和汾渭平原农产品主产区西侧。

表2-3　　　　　　　　中国农村居民收入区域类型划分情况

类别	地区	特征
Ⅰ类（高收入地区）	上海、北京、浙江、天津、江苏	8292.57
Ⅱ类（较高收入地区）	广东、福建、山东、辽宁	5894.89
Ⅲ类（中等收入地区）	吉林、河北、黑龙江、江西、湖北、内蒙古、湖南、河南、海南、安徽、重庆、四川、山西、宁夏、广西	4336.77
Ⅳ类（低收入地区）	贵州、云南、西藏、陕西、甘肃、青海、新疆	3002.76

注："特征"为该类地区农村居民人均纯收入平均值，采用2006—2010年共5年平均，公式为：$X = (x_1 p_1 + x_2 p_2 + \cdots + x_n p_n)/(p_1 + p_2 + \cdots + p_n)$，其中，$X$为该类地区农村居民人均纯收入，$x_n$为该类地区内各省（自治区、直辖市）农村居民人均纯收入，p_n为该类地区内各省（自治区、直辖市）农村人口。

（二）区域分类的对比分析

对农村居民收入区域分类遵循了农村居民收入及相关因素为主的划分原则，同一种类型区域内部各组成部分之间有着高度的相关性或相似性，不同类型区域间存在较大差异性，以及区域内各组成部分的空间连续性较强，与全国"七区二十三带"为主体的农产品主产区分布基本相符。

将区域分类与姚琼（2002）对比发现划分排序基本一致，不同之处在于1类和2类之间部分地区顺序发生了变化，4类中的重庆、四川、山西和宁夏调整到3类地区。产生差异的原因一方面是因为姚文中基于的是1999年数据，而这里采用的是2006—2010年5年平滑数据，农村居民收入近10年来发生了较大变动，另一方面是姚文中采用的是农村居民人均纯收入单一指标而这里则是通过构建指标体系进行分类；与曾志艳（2010）对比发现划分结果区别不大，将曾文中的1类和2类地区合并且剔除广东即为这里Ⅰ类地区，由于广东和福建地域相连且农村居民收入相近，2006—2010年农村居民收入平均水平广东为6380.16元，福建仅次于广东为 6120.99 元，因此将广东和曾文中 3 类包括福建、山东和辽宁划分为这里的 II 类地区是可行的，曾文的 3 类中剩余地区和 4 类地区并入一类即这里的 III 类地区，其 5 类中的地区与这里 IV 类中的地区完全一致。同类可比的还有张华（2007）和朱志雯（2008）等从农民收入角度对区域进行的分类与这里分类结果基本吻合。

第四节 中国农村居民收入区域分类的结论

基于地域差异论的空间和区位差异思想，通过构建中国农村居民收入区域分类特征指标体系，对不同指标赋予相应权重，采用因子分析和聚类分析将全国划分为四种类型区域，即高收入地区、较高收入地区、中等收入地区和低收入地区，同种区域内农村居民收入差异较小，不同区域间差异较大。结合分析过程，对比相关研究，可以得出以下结论：

第一，农村居民收入是多种因素综合作用的结果。

农村居民收入不仅是一个表象特征，更是诸多因素综合作用的结果，受到农村经济发展、农业经济结构和农业生产条件的影响。如果仅采用农村居民收入水平指标或者收入四个来源指标对区域类型进行划分，会忽略决定农村居民收入的深层次因素，而且也无法消除不同年份单一指标的波动性，容易对区域类型划分产生质疑。依据农村居民收入特征指标体系划分区域类型，不仅充分考虑了农村居民收入在划分区域类型中的主导作用，也吸收了一些决定农村居民收入的关键因素，对消除单一指标时序波动性也起到了较好的稳定作用。同时，为了消除截面数据的波动性带来的负面影响，一些学者采取对不同年份结论进行对比调整，但用 2006—2010 年的 5 年数据平均值进行分析无疑是更好的方法。

第二，农村居民收入总体呈现国土空间梯度布局。

可以发现，中国农村居民收入水平总体呈现出由东向西递减格局，即高收入区和较高收入区大部分分布在东部沿海地区，农村居民收入水平随着国土空间格局向西呈现梯度减少。农村居民收入水平的梯度特征与中国自然地理特征和经济社会发展水平是基本一致的。

第三，农村居民收入整体水平不高，区域差异性较大。

从农村居民收入水平看，2006—2010 年高收入区人均达到 8292.57

元,而低收入区仅为3002.76元,低收入区比高收入区低5289.81元,区域间农村居民收入水平差异较大。从农村居民收入水平区域分布看,较高及高收入区域仅包括9个地区,占31个区域的29.03%,即不到三分之一,而中等及低收入区则占据了22个省,占总区域的70.97%,超过了全国区域的三分之二。这就说明中国农村居民收入水平不仅区域差异较大,而且整体收入水平不高,以中低收入水平居多。

第三章　中国农村居民收入区域差异的演变及现状

在理论模型部分将两部门劳动力转移模型引入区域间农村居民收入差异分析，推导出农村居民收入区域间差异长期来看将呈现出倒"U"形的趋势，这一理论假说需要在本章中通过对收入差异的演变历程和发展现状的分析进行验证。循环积累因果理论认为由于区域地理二元经济结构的存在，区域经济发展过程中受到两种效应影响，回波效应拉大了区域收入差距，而扩散效应则起到缩小区域收入差距作用，依据此理论，农村居民收入区域差异演变过程应该也遵循这个规律。随着工业化的推进，区域差异已经从传统的资源差异逐步向市场、非农产业等新因素差异转移，区域农村居民收入差异现状必然也呈现出新的特征，对区域间农村居民收入来源构成差异的研究也显得更有意义。

第一节　基本概念及主要测度指标

一　基本概念

分析农村居民收入区域差异必须对相关概念进行界定，涉及的概念主要可以分为收入概念和差距概念两大类，在收入概念中主要界定农村居民收入内涵、构成和分类等，在差距概念中不仅涉及收入差距的界定和分类，也需要从区域角度对农村居民收入区域差异概念和内容进行界定和分析。

（一）农村居民收入

农村居民收入可以分解为农村居民和收入两个概念，从统计口径看，农民至少包含了三层含义，即基于户口身份划分的农民、基于职业划分的农民和基于居住区域划分的农民，本书研究的群体是居住在农村地区的按照区域划分的农民即农村居民，它的对立面是居住在城镇的城镇居民。收入是出售商品或劳务而得到的金钱或金钱的等价物，或者从劳动和资本或这两者结合中得到的收益。个人收入又称为居民收入，是社会每个成员在一定时期内所获得的全部货币和实物收入的总和。那么，农村居民收入就是农村居民在一定时期内（通常为一年）所获得的全部货币收入和实物收入的总和。

农村居民收入有总收入和纯收入之分，农村居民总收入是农村居民全年从各种来源中得到的全部实际收入，农村居民纯收入是从农村居民总收入中相应地扣除所发生的费用后的收入总和，即纯收入＝总收入－家庭经营费用支出－税费支出－生产性固定资产折旧－赠送农村内部亲友[1]。由于各个地区人口之间存在较大差异性，用农村居民人均纯收入能够更好地反映出不同地区农村居民人均收入情况，体现扩大再生产和改善生活的能力，因此，本书选用农村居民家庭人均纯收入作为评价地区间农村居民收入水平差异的指标。

农村居民家庭人均纯收入按照来源可以分为工资性收入、家庭经营收入、财产性收入和转移性收入四类。

表3-1　　　　　农村居民家庭人均纯收入来源构成情况

类型	含义	来源
工资性收入	又称劳动报酬收入，受雇于单位或个人的农村居民出卖个人劳动而获得的收入	在非企业组织中劳动收入、本地劳动收入、外出务工收入以及从其他单位获得的劳动收入
家庭经营收入	以家庭为生产和经营单位，农村居民进行生产筹划和生产管理而获得的收入	农业、林业、牧业、渔业、工业、建筑业以及第三产业收入
财产性收入	有形非生产性资产或金融资产所有者向其他单位机构提供资金或资产使用，作为回报而从中获得的收入	利息、股息、租金、红利、土地征用补偿以及其他财产性收入
转移性收入	农村居民无须付出任何对应物而得到的资金、货物、服务或资产所有权等。通常为农村居民在二次分配中的所有收入	非常住人口寄回和带回、亲友赠送、农村外部亲友赠送、救济金、救灾款、调查补贴、无偿扶贫款及其他转移性收入

资料来源：根据《中国统计年鉴》、《中国农村统计年鉴》相关资料整理。

---

[1]　中华人民共和国国家统计局：《中国统计年鉴（2012）》，中国统计出版社2012年版，第380页。

（二）收入差距

收入差距是个流量概念，通常指一定时期内不同劳动者、不同地区、不同行业之间，所拥有的生产要素产生的效益不同以及国家收入分配政策差异，形成的收入数量上的差别。收入差距是个人的劳动成果和社会经济利益的反映，与个人所参与的社会经济活动及其效益相关。

收入差距可以分为相对收入差距、绝对收入差距和综合收入差距。绝对收入差距是以实物或货币表示的收入差距绝对数，了解不同收入群体和个人间收入差距大小；相对收入差距是以收入相对份额表示的收入差距相对数，了解不同收入群体和个人间收入差别程度；综合收入差距反映了收入差距的总体趋势，以绝对收入差距和相对收入差距为基础，运用一定数理统计方法对收入差距进行综合测算。其中，相对收入差距和绝对收入差距之间既存在区别又有联系，当收入水平一定时两者变动方向一致，当收入水平变化时两者变动方向可能不一致，由于绝对收入差距不能反映收入差距相对程度，不利于收入差距比较，因而在分析收入差距时较多使用相对收入差距。

收入差距有多种表现形态，主要包括城乡居民收入差距、农村居民收入差距、城镇居民收入差距、地区收入差距和行业收入差距等。从变化的趋势看，农村居民收入差距逐年增加且增长速度较快。从区域比较看，农村居民收入区域差距程度显著高于城镇居民收入区域差距程度。所以，农村居民收入区域差距是区域居民收入差距的主要组成部分，对农村居民收入区域差异问题研究有着非常重要的意义。

（三）农村居民收入区域差异

差异反映经济现象或事物在量和质方面的不同，对事物进行客观判断，比较分析其相对于某一标准而存在的差别，在数量上表现为差距。差异的内涵比差距更为广泛，借助于差距大小揭示经济现象或事物的不平衡状况。农村居民收入区域差异就是各区域农村居民不均等的占有或分享全社会所创造的可供农村居民支配的收入这一现象，是农村居民收入分配的区域表现形式，与研究的区域层次有关。农村居民收入区域差异反映了不同区域农村居民的生活水平和收入情况，体现了区域农村经济的发展。

在农村居民区域收入差异研究中，本书进行了区域同质的假设，即假设同一个省、市、自治区内部，所有的农村居民都有着相同的平均收入水平，为了研究口径的统一，而将个人之间的收入差异进行了抽象去除，将研究重点集中在区域间农村居民收入差异情况。

二　收入区域差异主要测度指标

(一) 指标选择的原则和特性

测度收入差异的方法很多，有着不同的分类，可以按照方法的实际用途分为组内收入差异测度方法和组间收入差异测度方法，也可以按照方法的来源分为统计学的方法和社会福利函数方法。在统计学方法中，测度居民收入差异的指标包括相对差异指标、绝对差异指标和综合差异指标，由于绝对差异指标涉及价格和数量等量纲问题，容易导致收入差异偏离实际情况，使测度失去意义，因此，本书侧重运用相对差异指标测度收入区域差异。农村居民收入区域差异测度指标不能简单地使用某一种指标，应该根据不同的研究目的选择相应指标或建立指标体系，这样有利于综合地全面反映农村居民收入区域差异实际情况，从而避免了测度的偏差。

一个良好的收入差异测度指标需要具有匿名性、齐次性、人口无关性、转移原则以及强洛伦兹一致性等特性。选择测度指标的原则主要考虑以下方面：首先，充分利用已有测度指标，发挥评析的有效性；其次，综合利用多重指标，发挥指标的优势互补，多层次、多角度评析。基于以上对收入区域差异指标选择的原则和特性，结合本书研究目的，选择了以下评价指标对农村居民收入区域差异情况进行测度分析。

(二) 绝对差异测度指标

测度区域间收入绝对差异的指标主要用来反映区域间收入等级水平的差异，是区域收入水平的具体差异，为区域收入差异的表象特征，受到区域经济发展水平、物价水平以及经济初期发展水平影响。绝对差异测度指标主要包括：极值差和平均差、标准差和加权标准差等。

1. 极值差 (R) 和平均差 (AD)

极值差是同组样本中最大值与最小值之间的差值，用以说明样本的变动范围和幅度，计算公式表示为：

$$R = Y_{max} - Y_{min} \tag{3.1}$$

(3.1) 式中，R 为极值差，在统计中又称为全距，Y_{max} 为样本收入中最高的收入水平，Y_{min} 为样本收入中最低的收入水平，R 值越大说明收入差距水平越大。极值差指标的优点是易于操作和比较，缺陷在于只考虑到两个极端比较，难以反映出整个样本收入差距离散程度。

平均差是一种平均离差，是总体所有单位标志值与其相应算术平均数

的离差的绝对值的算术平均数,反映了各标志值与算术平均数之间的平均差异,计算公式表示为:

$$AD = \frac{\sum_{i=1}^{n}|Y_i - \bar{Y}|}{n} \tag{3.2}$$

(3.2) 式中, AD 为平均差, i 为某一地区, Y_i 为 i 地区农村居民人均纯收入, $\bar{Y}$ 为各地区农村居民人均纯收入的平均值, n 为地区数。AD 值越大说明农村居民收入水平越分散,收入差距越大;反之, AD 值越小表明农村居民收入差距越小。平均差反映了居民个体收入和总体收入平均值的平均差异程度,能全面准确地反映样本数据的离散情况,不足之处在于计算中使用了绝对值消除离差的正负号,不利于进一步的数学运算。

2. 标准差(S)和加权标准差(S_w)

标准差又称为均方差,是各样本数据偏离平均数距离的平均数,反映样本数据的离散程度,其计算公式表示为:

$$S = \sqrt{\frac{\sum_{i=1}^{n}(Y_i - \bar{Y})^2}{n}} \tag{3.3}$$

(3.3) 式中, S 为标准差, i 为某一地区, Y_i 为 i 地区农村居民人均纯收入, $\bar{Y}$ 为各区域农村居民人均纯收入平均值, n 为地区数。S 值越大说明地区间农村居民人均纯收入差距越大,反之则越小。标准差计算相对容易和直观,但由于计算的是样本数据离差的算术平均值,导致各区域规模差异无法体现,因此,通常采用加权标准差。

加权标准差即在标准差基础上加入各地区相应人口规模权重,其计算公式表示为:

$$S_w = \sqrt{\frac{\sum_{i=1}^{n}(Y_i - \bar{Y})^2 P_i}{P}} \tag{3.4}$$

(3.4) 式中, S_w 为加权标准差, i 为某一地区, Y_i 为 i 地区农村居民人均纯收入, $\bar{Y}$ 为各区域农村居民人均纯收入平均值, n 为地区数, P_i 为 i 地区农村人口数, P 为全区域总农村人口数。S_w 值越大说明地区间农村居民人均纯收入差距越大,反之则越小。加权标准差在很大程度上不受地区划分的扰动,在进行地区差异分析时具有更强的稳定性。

(三) 相对差异测度指标

测度区域间收入相对差异的指标主要反映区域间收入增长水平差异，为收入差异内在特征，主要受到区域间收入增长速度影响。相对差异测度指标主要包括：极值差率、极均值差率、相对平均离差、加权平均离差、变异系数、加权变异系数、对数变异系数、库兹涅茨比率、等分法、阿特金森指数、基尼系数和泰尔指数等。

1. 极值差率 (I_r) 和极均值差率 (I_{rm})

极值差率又称为最大最小系数或差距系数，是将同组样本中最大值与最小值相比，反映了样本数据的差距变动幅度，其计算公式表示为：

$$I_r = \frac{Y_{max}}{Y_{min}} \tag{3.5}$$

(3.5) 式中，I_r 为极值差率，Y_{max} 为样本收入中最高收入水平，Y_{min} 为样本收入中最低收入水平，I_r 值越大说明收入差距水平越大。极值差率指标优点是易于操作比较，缺点是难以反映出整个样本收入差距情况。

极均值差率是样本数据中最大值与平均值之比，或平均值与最小值之比，反映了样本数据偏离平均值的相对幅度，其计算公式表示为：

$$I_{rm} = \frac{Y_{max}}{\overline{Y}}, \text{ 或者 } I_{rm} = \frac{\overline{Y}}{Y_{min}} \tag{3.6}$$

(3.6) 式中，I_{rm} 为极均值差率，Y_{max} 为样本收入中最高收入水平，Y_{min} 为样本收入中最低收入水平，$\overline{Y}$ 为各区域农村居民人均纯收入平均值，I_{rm} 值越大表明收入差距水平越大。在运用极值差率和极均值差率测度收入差距时，如果最大值或最小值存在一些特殊情况导致不可比较时，可以考虑剔除最高或最低地区再重新计算极值差异。

2. 相对平均离差 (D_r) 和加权平均离差 (D_w)

相对平均离差是平均离差除以收入的平均值，反映了某一地区农村居民收入偏离各地区农村居民收入平均值的平均幅度，其计算公式表示为：

$$D_r = \frac{AD}{|\overline{Y}|} = \frac{1}{n}\sum_{i=1}^{n}\left|\frac{Y_i - \overline{Y}}{\overline{Y}}\right| \tag{3.7}$$

(3.7) 式中，D_r 为相对平均离差，AD 为平均离差，i 为某一地区，Y_i 为 i 地区农村居民人均纯收入，$\overline{Y}$ 为各地区农村居民人均纯收入的平均值，n 为地区数。D_r 值越大说明农村居民收入差距越大，反之则说明农村居民收入差距越小。相对平均离差测度了农村居民收入与平均值的差距幅度，但没有考虑不同地区的规模差异，因此，通常采用加权平均离差。

加权平均离差是在相对平均离差的基础上加入各地区相应人口规模权重，其计算公式表示为：

$$D_w = \sum_{i=1}^{n} \left| \frac{Y_i - \bar{Y}}{\bar{Y}} \right| \cdot \frac{P_i}{P} \tag{3.8}$$

（3.8）式中，D_w 为加权平均离差，i 为某一地区，Y_i 为 i 地区农村居民人均纯收入，$\bar{Y}$ 为各地区农村居民人均纯收入的平均值，n 为地区数，P_i 为 i 地区农村人口数，P 为全区域总农村人口数。D_w 值越大说明农村居民收入差距越大，反之则收入差距越小。

3. 变异系数（CV）、加权变异系数（CV_w）和对数变异系数（$CV_{\ln}$）

变异系数是对标准差的改进，使具有不同均值的样本数据组之间具有可比性，将标准差除以均值后得出的变异系数是一个没有量纲的相对指标，用来比较不同单位和数量级总体间的离散程度，其计算公式表示为：

$$CV = \frac{S}{\bar{Y}} = \frac{\sqrt{\frac{1}{n}\sum_{i=1}^{n}(Y_i - \bar{Y})^2}}{\bar{Y}} \tag{3.9}$$

（3.9）式中，CV 为变异系数，S 为标准差，$\bar{Y}$ 为各区域农村居民人均纯收入平均值，i 为某一地区，Y_i 为 i 地区农村居民人均纯收入，n 为地区数，CV 值越大说明地区间农村居民人均纯收入差距越大，反之则越小。变异系数较适合测度样本数据间的离散程度，但缺陷在于将样本数据赋予了相同的权重，忽视了不同样本的规模和重要性，因此，通常采用加权变异系数。

加权变异系数是在变异系数基础上加入各地区相应的人口规模权重，即用加权标准差除以均值，其计算公式表示为：

$$CV_w = \frac{S_w}{\bar{Y}} = \frac{\sqrt{\sum_{i=1}^{n}(Y_i - \bar{Y})^2 \frac{P_i}{P}}}{\bar{Y}} \tag{3.10}$$

（3.10）式中，CV_w 为加权变异系数，S_w 为加权标准差，$\bar{Y}$ 为各区域农村居民人均纯收入平均值，i 为某一地区，Y_i 为 i 地区农村居民人均纯收入，n 为地区数，P_i 为 i 地区农村人口数，P 为全区域总农村人口数。CV_w 值越大说明地区间农村居民人均纯收入差距越大，反之则越小。加权变异系数适合考察不同人口规模和经济总量下相对收入差距，但由于测量的是地区平均水平与全国平均水平的差异，因而在测度全国和地区内的实际收入水平差异时还存在一定局限性。

对数变异系数是在变异系数基础上对变量进行对数转换而得来的，目的是为了强调低收入地区收入转移的重要性，其计算公式表示为：

$$CV_{\ln} = \frac{\sqrt{\frac{1}{n}\sum_{i=1}^{n}(\ln Y_i - \ln \overline{Y})^2}}{\overline{Y}} \quad (3.11)$$

（3.11）式中，$CV_{\ln}$为对数变异系数，$\overline{Y}$为各区域农村居民人均纯收入平均值，i为某一地区，Y_i为i地区农村居民人均纯收入，n为地区数。$CV_{\ln}$值越大说明地区间农村居民人均纯收入差距越大，反之则越小。

4. 库兹涅茨比率（KR）、等分法和阿特金森指数（A）

库兹涅茨比率（Kuznets Radio）又称为相对收入阶层分布系数，是把各收入组的收入份额与人口份额的差额的绝对值进行相加，反映收入组总体收入差距情况，其计算公式表示为：

$$KR = \sum_{i=1}^{n}|Y_i - P_i| \quad (3.12)$$

（3.12）式中，KR为库兹涅茨比率，Y_i为i组的收入份额即i组收入在总收入中的比例，P_i为i组的人口份额即i组人口在总人口中的比例，i为某一收入组，n为收入组数，KR值越大说明收入差距越大，反之则越小。库兹涅茨比率对组内收入差距测度比较适用，由于对最高收入组和最低收入组赋予权重较大，而对中间收入组赋予权重较小，所以对收入差距两极分化比较敏感，有利于控制其发展态势。为了消除权重不同对收入差距测度的不良影响，通常采用等分法表示收入差距情况。

等分法（Halving Method）是将全部居民收入按照高低顺序进行排序，按顺序依次划分为若干组别，对不同组间收入水平高低进行比较，反映居民收入差距情况。等分法一般可以分为二等分、四等分、五等分、十等分等，常用的是五等分法，将居民收入依次高低排序后划分为五等分，用20%的最高收入组与20%的最低收入组相比说明收入差距程度，其计算公式表示为：

$$F = \frac{Y_5}{Y_1} \quad (3.13)$$

（3.13）式中，F为五等分指数或高低收入比率，Y_5为最高收入组收入比重，Y_1 为最低收入组收入比重。F 值越大说明收入差距越大，反之则越小。作为等分法的应用，有三个重要指数：库兹涅茨指数、阿鲁瓦利亚指数和收入不良指数。库兹涅茨指数简称库氏指数，是总人口 20% 最高收入组的收入比重，即 Y_5，反映最高收入组的收入状况，指数值介于 0.2—1 之间，指数值越大说明收入差距越大，反之则越小。阿鲁瓦利亚指数简称阿氏指数，是总人口 40% 最低收入组的收入比重，即 $Y_1 + Y_2$，反映最后收入组的收入状况，指数值介于 0—0.4 之间，指数值越小说明收入差距越大，反之则越小。收入不良指数是用 20% 的最高收入组与 20% 的最低收入组收入相比，即 Y_5/Y_1，指数值最小为 1，指数值越大说明收入差距越大，反之则越小，一般认为收入不良指数值小于 3 为高度均等，3—6 之间为相对均等，6—9 之间为相对合理，9—12 之间为收入差距偏大，12—15 之间为收入差距过大，大于 15 为收入差距极大。等分法的优点是便于分层考察，缺点是不能全面考察各层收入整体变动情况。

阿特金森指数从社会福利函数推导而来，认为收入总量一定时，社会分配越均衡则社会福利越大，其计算公式表示为：

$$A = 1 - \left[\sum_{i=1}^{n}\left(\frac{Y_i}{\bar{Y}}\right)^{1-e} \cdot P_i\right]^{\frac{1}{1-e}} \quad (3.14)$$

（3.14）式中，A 为阿特金森指数，Y_i 为 i 组（地区）农村居民人均纯收入，$\bar{Y}$ 为各区域农村居民人均纯收入平均值，P_i 为 i 组（地区）人口在总人口中所占的比重，e 为社会对收入差距的重视程度，e 的取值通常为 0.5 或 2，e 值越大表示越重视。A 值的取值范围为 0—1，A 值越大表明收入差距越大，反之则越小。阿特金森指数强调的是社会对收入差距的重视程度，所以变动性和主观性较大，比较分析有一定困难。

5. 基尼系数及分解

基尼系数是一个被广泛采用的衡量居民收入分配不均等程度的相对统计量指标，取值范围在 0—1 之间，基尼系数值越小表明收入差距越小，反之则越大。通常认为：$G < 0.2$ 表示收入分配高度平均，$0.2 < G < 0.3$ 表示收入分配相对平均，$0.3 < G < 0.4$ 表示收入分配比较合理，0.4 为收入分配差距的警戒线，$G > 0.5$ 表示收入差距两极分化。基尼系数的计算方法大体上可以划分为两种，一种是根据洛伦兹曲线图中的面积直观表述的基尼系数：$G = S_1/(S_1 + S_2)$，这种方法并不具有实际的计算可操作性；另一种是根据抽样调查数据计算测定，这种计算测定的方法目前有很多种，基于现有的计算公式，并结合农村居民收入区域差异研究需要，本书主要运用不分组计算法和分组计算法分别对基尼系数进行测定。

不分组计算法表示的基尼系数。首先将区域内的不同地区按照居民人均纯收入水平从低到高排序：$Y = (Y_1, Y_2, \cdots, Y_n)$，其中 $Y_1 \leq Y_2 \leq \cdots \leq Y_n$；再分别计算出各地区人均纯收入占该区域人均纯收入总和的比重：$y_i = Y_i/Y$，其中 y_i 为所占比重，Y_i 为 i 地区人均纯收入，Y 为区域人均纯收入总和，$Y = \sum_{i=1}^{n} Y_i$；然后基尼系数计算公式为：

$$G = aU_y - b \tag{3.15}$$

(3.15) 式中，G 为基尼系数，$a = 2/n$，$b = (n+1)/n$，n 为地区个数，$U_y = \sum_{i=1}^{n} c_i y_i$，$c_i$ 为收入等级数，$c_1 = 1$，$c_2 = 2$，$\cdots$，$c_n = n$，y_i 为 i 地区人均纯收入占该区域人均纯收入总和的比重。

分组计算法表示的是基尼系数。首先将样本按照农村居民人均纯收入从低到高排序，将地区划分为若干个组，计算收入差距的基尼系数，其计算公式为：

$$G = 1 - \sum_{i=1}^{n} P_i (2Q_i - W_i) \tag{3.16}$$

(3.16) 式中，P_i 为 i 地区人口占总人口的比重，Q_i 为 W_i 的向下累加和，即 $Q_i = \sum_{k=1}^{i} W_k$，W_i 为 i 地区收入占总收入比重，即 $W_i = \dfrac{P_i Y_i}{\sum_{i=1}^{n} P_i Y_i}$，$Y_i$ 为 i 地区的农村居民人均纯收入。

农村居民收入区域的差异是经济社会发展中多种因素综合作用的结果，与总体各个组成部分紧密联系。对基尼系数进行分解分析有着重要的意义，也是研究的难点。目前对基尼系数的分解研究主要涉及按照收入来源、收入群体、地区间、城乡间、产业间以及对基尼系数变化进行分解等，本书研究的是农村居民收入区域间差异，包括区域间收入差异和区域间收入来源差异，因此主要涉及对基尼系数的地区间分解和收入来源分解。

按地区间分解基尼系数。对基尼系数按照地区进行分解，目的是为了将总体收入差异分解为地区间差异和地区内差异，解释总体差异主要来源问题。Pyatt（1976）将基尼系数分为三个组成部分：

$$G = G_A + G_B + G_O$$

式中，G 为基尼系数，G_A 为 G 的组内部分，G_A 值越大表明组内收入差异越大，G_B 为 G 的组间部分，G_B 值越大表明组间收入差异越大，G_O 为 G 的层叠项部分，如果任何一个低收入组的高收入者的收入不高于任何一个高收入组的低收入者的收入，则 $G_O = 0$。Yao（1996）对 Pyatt 的方法进行了改进，用四个步骤求出 G、G_B、G_A 和 G_O。

第一步，用分组计算法表示的基尼系数公式计算得到 G。

第二步，基尼系数组间收入差异 G_B 计算公式为：

$$G_B = 1 - \sum_{I=1}^{S} P_I (2Q_I - W_I) \tag{3.17}$$

(3.17) 式中，G_B 为基尼系数的组间收入差异，S 为分组数，P_I 为 I 组人口占总人口的比重，Q_I 为 W_I 的向下累加和，即 $Q_I = \sum_{K=1}^{I} W_K$，W_I 为 I 组收入占总收入比重，即 $W_I = \dfrac{P_I Y_I}{\sum_{I=1}^{S} P_I Y_I}$，$Y_I$ 为 I 组的居民人均纯收入。

第三步，基尼系数组内收入差异 G_A 计算公式为：

$$G_A = \sum_{I=1}^{S} P_I W_I G_I \tag{3.18}$$

(3.18) 式中，G_A 为基尼系数的组内收入差异，P_I、W_I 分别为 I 组在总人口中的人口比重和收入比重，G_I 为 I 组的基尼系数，$G_I = 1 - \sum_{i=1}^{S_I} P_{Ii} (2Q_{Ii} - W_{Ii})$，其中，$P_{Ii}$、$W_{Ii}$ 分别为 i 地区在 I 组中的人口比重和收入比重，也是按照地区农村居民人均纯收入水平从低到高排序，Q_{Ii} 为 W_{Ii} 的向下累加和，即 $Q_{Ii} = \sum_{K=1}^{i} W_{IK}$，为第 1 个家庭到第 i 个家庭在 I 组中的累加和。

第四步，利用已知的 G、G_A、G_B 求出 G_O，即 $G_O = G - G_A - G_B$。

按收入来源分解基尼系数。对基尼系数按照收入来源分解主要解释各个收入来源差异对总体差异的影响程度，分析农村居民收入来源构成的差异情况。Yao（1999）认为，基尼系数可以按收入来源分解收入差异，如果居民收入有几个来源，那么基尼系数就可以分为几个组成部分。按收入来源分解基尼系数的思路是：首先将不同地区按照居民人均纯收入水平从低到高排序，先计算出收入来源集中率，再得出相应基尼系数，通过比较收入来源集中率与基尼系数的大小，得出不同收入来源在收入不平等中的贡献程度。收入集中率计算公式为：

$$C_f = 1 - \sum_{i=1}^{n} P_i(2Q_{fi} - W_{fi}) \tag{3.19}$$

(3.19) 式中，C_f 为 f 收入来源的集中率，P_i 为 i 样本人口占总人口的比重，Q_{fi} 为 W_{fi} 的向下累加和，即 $Q_{fi} = \sum_{k=1}^{i} W_{fk}$，$W_{fi}$ 为 i 样本 f 收入占总的 f 收入来源比重，即 $W_{fi} = \dfrac{P_i Y_{fi}}{\sum_{i=1}^{n} P_i Y_{fi}}$，$Y_{fi}$ 为 i 样本的 f 收入来源人均收入。在得到 f 个收入来源各自的 C_f 值后，则总体样本的基尼系数为：

$$G = \sum_{f=1}^{F} W_f C_f \tag{3.20}$$

(3.20) 式中，G 为基尼系数，F 为收入来源数，W_f 为 f 收入来源在样本收入中的比重，C_f 为 f 收入来源的集中率。通过比较 C_f 与 G 的大小，可以得出不同收入来源对总体收入不平等的贡献程度。若 $C_f > G$，且样本人均收入不变，则 f 收入来源在总收入中的比重增加将导致基尼系数扩大，反之则相反。

基尼系数不仅能够从整体上反映出居民收入水平差异情况，而且可以对居民收入区域差异情况以及不同收入来源构成差异情况进行分解分析。但由于基尼系数是相对指标，反映区域收入变化情况，对区域间收入同比例变化反映则不是很敏感，无法体现区域收入在空间上的变动。因此，不能简单地用基尼系数直接判断收入差异大小，需要结合其他相关指标对区域收入差异情况进行综合分析。

6. 泰尔指数及分解

泰尔指数经常被用来分析地区间收入差异情况，既可以分析区域居民收入差异总体情况，又可以分析区域间和区域内收入差异变化情况，以及各区域收入差异在总体收入差异中的贡献程度。

泰尔指数表示的区域收入差距总水平等于各区域的收入份额与人口份额比的对数的加权总和，权数是各区域的收入份额。其计算公式表示为：

$$T = \sum_{i=1}^{n} Y_i \log \frac{Y_i}{P_i} \tag{3.21}$$

(3.21) 式中，T 为泰尔指数，n 为地区数，Y_i 为 i 地区人均收入占整个考察区域的份额，P_i 为 i 地区人口占整个考察区域的份额。T 值越大表明收入区域差异越大，相反则越小。

泰尔指数的分解。以泰尔指数表示的区域收入总差距可以分解为地区间差距和地区内差距两部分，通过对泰尔指数的分解，考察组内差距和组间差距分别对总体收入差距的影响程度。泰尔分解计算公式表示为：

$$T = \sum_{i=1}^{n}\left(\frac{Y_i}{Y}\right)T_{pi} + \sum_{i=1}^{n}\left(\frac{Y_i}{Y}\right)\log\left(\frac{Y_i/Y}{P_i/P}\right) = T_{WR} + T_{BR} \qquad (3.22)$$

（3.22）式中，T 为泰尔指数，Y_i 为 i 区域总收入，Y 为整个区域总收入，Y_i/Y 为 i 区域收入份额，P_i 为 i 区域总人口，P 为整个区域总人口，P_i/P 为 i 区域人口份额，T_{WR} 为区域内差距，T_{BR} 为区域间差距。其中，T_{pi} 为分组后子群体内的泰尔指数，其计算公式表示为：

$$T_{pi} = \sum_{j}\left(\frac{Y_{ij}}{Y_i}\right)\log\left(\frac{Y_{ij}/Y_i}{P_{ij}/P_i}\right) \qquad (3.23)$$

（3.23）式中，Y_{ij} 表示 i 区域中第 j 个小区域收入，P_{ij} 表示 i 区域中第 j 个小区域人口。

区域内收入差距对整体收入差距的贡献率可以表示为：T_{WR}/T，区域间收入差距对整体收入差距的贡献率可以表示为：T_{BR}/T，其中 $T_{WR}/T + T_{BR}/T = 1$。

泰尔指数通过每一单位收入除以平均收入值反映变异性，消除了通货膨胀因素对居民收入差异的影响，且具有等价尺度独立性即每单位居民收入均按照同比例变化时，泰尔指数值不变。此外，泰尔指数具有较好的分解性，对组内和组外分解分析较为方便，但泰尔指数计算相对复杂且计算结果的准确性受样本容量影响较大。

（四）综合差异测度指标

由于单一的测度指标难以全面地、系统地反映出区域间农村居民收入差异情况，因此，在区域间收入差异测度过程中使用综合差异测度指标能够更加完整地描述差异的真实程度，综合差异测度主要借助于主成分分析方法和聚类分析方法，对所分析的指标系统进行降维处理，用简单的综合变量关系代替复杂交错的单变量关系，得出区域收入差异的综合测度。

1. 主成分分析方法

主成分分析法又称为主分量分析法，是利用降维思想，将多个变量转化为少数几个综合变量即主成分，这些主成分能反映原始变量的绝大部分信息而又不重叠。

主成分分析法的数学模型。假设用 p 个变量描述研究对象，则 p 维随机向量为 $X = (X_1, X_2, \cdots, X_p)$，均值向量 $\mu = E(X)$，协方差矩阵 $\sum = D(X)$，则原始变量的线性组合为：

$$\begin{cases} Z_1 = \mu_{11}X_1 + \mu_{12}X_2 + \cdots + \mu_{1p}X_p \\ Z_2 = \mu_{21}X_1 + \mu_{22}X_2 + \cdots + \mu_{2p}X_p \\ \vdots \qquad \vdots \qquad \vdots \\ Z_p = \mu_{p1}X_1 + \mu_{p2}X_2 + \cdots + \mu_{pp}X_p \end{cases}$$

主成分就是不相关的线性组合 Z_1，Z_2，$\cdots$，Z_p，这组新变量充分反映原始变量 X_1，X_2，$\cdots$，X_p 的信息，又相互独立。

主成分分析法的步骤。第一步，对原始数据标准化，消除指标间不同量纲和数量级；第二步，建立变量的相关系数矩阵；第三步，求出特征值、主成分贡献率和累计方差贡献率，并确定主成分个数；第四步，建立因子载荷矩阵，解释主成分，描述主成分的经济意义。

2. 聚类分析方法

聚类分析法是分析如何对样本变量进行量化分类，依照某种相似性或差异性，确定样本间的亲疏关系，并依照亲疏程度对样本进行分类。通常聚类分析分为 Q 型聚类和 R 型聚类，Q 型聚类是对样本进行分类，R 型聚类是对变量进行分类，本书主要是对不同测度指标变量的聚类即 R 型聚类。

聚类分析的步骤是：第一步，对样本数据进行标准化，可以选择标准差方法、对数化方法或者归一化方法等进行标准化处理；第二步，测度相似性，把相似的样本变量归为一类，主要分为距离测度和相关测度两种方法，距离测度有欧氏距离、平方欧氏距离、切比雪夫距离、明考夫斯基距离和绝对值距离等，相关测度有夹角余弦、相关系数和相似系数等；第三步，根据样本间的距离对样本进行归类，通过分层聚类法对相似程度最高的两类合并成一个新类并不断重复此过程直至得到满意的分类；第四步，对聚类结果质量进行评估。

第二节 中国农村居民收入区域差异的演变历程

改革开放以后，中国各地区农村居民收入都得到了较大改进，但伴随着纵向的帕累托改进的同时，横向地区间农村居民收入的发展则不是同步的，存在着较大的差异性。地区收入不均衡理论认为地区经济发展在空间上的非均匀性，导致地区收入水平存在差异，一些条件较好的地区获得发展契机超前发展，由于循环积累效应导致地区间收入差距加剧，当经济发展到一定程度后，生产要素开始由发达地区向落后地区流动，地区间收入差距不断缩小。区域间农村生产条件的差异性必然带来农村居民收入区域间差异，这种差异是受到循环积累效应而不断拉大还是已经处于扩散效应阶段而开始缩小，通过对农村居民收入区域差异发展演变情况进行考察可以了解其变化的过程和轨迹。

一 中国农村居民收入差距演变

农村经济的不平衡发展带来了农村居民收入差距的变化，根据国家统计局农村住户调查统计资料[①]可以看出，从1978—2011年中国农村居民收入基尼系数总体上是在不断扩大，即农村居民收入差距总体呈现扩大趋势。1978年农村居民收入基尼系数为0.212，处于收入分配相对平均阶段，到了2011年农村居民收入基尼系数扩大为0.390，紧逼收入分配差距的警戒线。农村经济迅速发展和农村居民收入大幅度的提高并没有带来农村居民基尼系数的减小，反而导致农村居民收入差距的扩大，且这个变动趋势可能仍将持续。

从农村居民收入基尼系数变动情况来看，农村居民收入差距呈现波动式上升，可以将1978—2011年农村居民收入差距变化划分为三个阶段。

第一阶段：收入差距保持平稳阶段（1978—1985年）。以家庭联产承包责任制为标志的农村改革，调动了农民生产的积极性，促进了农业生产的发展，也带来了农村居民收入水平的提高。这一时期，农村居民收入基尼系数经历了一个小幅度抛物线变化，由1978年的0.212变动到1985年

---

① 国家统计局住户调查办公室：《中国住户调查年鉴（2012）》，中国统计出版社2012年版，第67页。

的 0.227，虽然中间经历了最高点 1983 年的 0.246，但是基尼系数在这一阶段最大极差值仅为 0.034，最高点的基尼系数值也小于 0.3，且最终回落，说明这一阶段农村居民收入差距较小，处于收入分配相对平均阶段，并且收入差距变化幅度也较小。

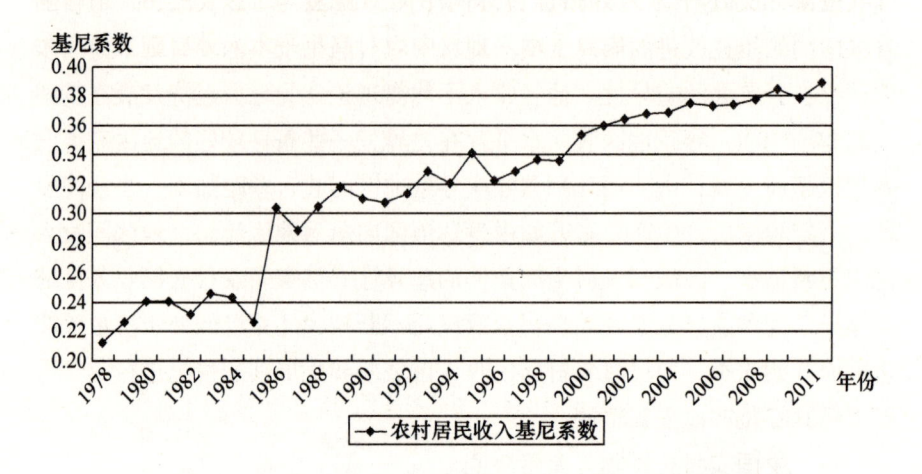

图 3-1 1978—2011 年中国农村居民收入基尼系数变动趋势

资料来源：根据《中国农村住户调查年鉴 2012》和《中国居民收入分配年度报告 2012》[1]相关资料整理。

第二阶段：收入差距震荡快速上升阶段（1986—1995 年）。这一阶段农村发展主要特征是乡镇企业和非农产业迅速发展，由此拉大了农村居民收入的差距，伴随着乡镇企业的起落，农村居民收入差距呈现震荡快速上升。1986 年农村居民收入基尼系数达到 0.304，首次超过 0.3，收入差距由相对平均过渡到比较合理。这一阶段基尼系数平均值达到 0.314，比上一阶段平均值 0.234 高出 0.08，极值差也比上一阶段高出 0.02，说明不仅基尼系数值较大，而且高位震荡。从这一阶段基尼系数出现的高点来看，也是一路上行，由 0.30 到 0.31 再到 0.32 直至 1995 年的最高峰值 0.34。

第三阶段：收入差距平稳上升阶段（1996—2011 年）。小城镇的发展和非农产业收入稳定增加是这一阶段重要的特征，农村居民收入增加相对

---

[1] 张东生：《中国居民收入分配年度报告（2012）》，经济科学出版社 2013 年版，第 53 页。

平稳。经历了第二阶段震荡后，农村居民收入基尼系数进入平稳扩大，基尼系数的平均值达到 0.362，比上一阶段平均值高出 0.05，但小于前两阶段平均值差值 0.08，说明基尼系数虽然增加了，但震荡幅度较小。从极值差来看，虽然这一阶段极值差 0.07 要高于前两阶段，但平均幅度较小，基尼系数年均增长率为 0.013，小于第二阶段的 0.014。虽然这一阶段农村居民收入基尼系数增加相对平稳，但至 2011 年基尼系数值已经达到 0.390，接近警戒值，农村居民收入差距较大，且呈现继续扩大趋势。

二 地区间农村居民收入差距演变

（一）省际间农村居民收入差距演变

农村居民收入差距不仅表现在农村居民之间，也表现在地区之间，省际间农村居民收入差距与农村居民间收入差距演变走势大体一致，呈现折线上升趋势。省际间农村居民收入差距可以通过对不同省份的农村居民家庭人均纯收入的极值差和平均差测量得到，为了消除通货膨胀因素，剔除不同年份价格对差距分析的影响，通常采用极值差率和相对平均离差方法分析省际间农村居民收入差距。

图 3-2　1978—2011 年中国农村居民收入省际差异情况

资料来源：根据《新中国六十年统计资料汇编》、《中国统计年鉴》和《全国各省、自治区、直辖市历史统计资料汇编（1949—1989）》相关资料整理。

通过对极值差率的分析可以看出，1978 年以来省际间中国农村居民收入差距大体呈现出平缓的上升趋势，其中以 1996 年极值差率达到最高值 4.97，因此可以将省际间农村居民收入差距演变划分为两个阶段。第一阶段（1978—1996 年）省际间农村居民收入差距上升速度较快，1996年极值差率比 1978 年上升了 2.10，接近 2 倍左右，这一阶段收入位于最高的地区一直是上海，收入最低地区除了极个别年份外大体以甘肃为主，其余年份收入最低分布情况为：陕西（1980 年）、安徽（1991 年）和西藏（1995—1996 年）；第二阶段（1997—2011 年）省际间农村居民收入差距高位波动，极值差率均居于 4—5，收入最高的地区依然是上海，最低的地区分别为西藏（1997—2002 年）、贵州（2003—2006 年）和甘肃（2007—2011 年），可以看出甘肃近几年来农村居民收入水平又再次回归较低水平。

如果考虑各省与全国农村居民收入平均水平差异情况，那么相对平均离差变化则可以充分反映各省与全国的离差。可以看出相对平均离差与极值差率走势大体一致，90 年代以前上升速度较快，但离差值较低，均在 0.3 以下，90 年代以后虽然缓慢波动上升，但离差值均在 0.3 以上。从极值差率和相对平均离差均看出，农民收入省际间差异演变从迅速扩大到缓慢波动上升，且这一趋势可能仍将持续。

（二）区域间农村居民收入差距演变

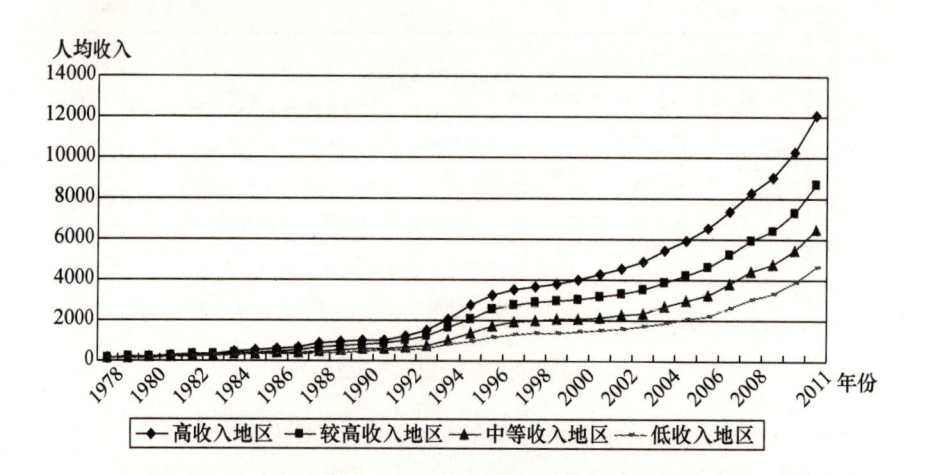

图 3-3　1978—2011 年中国农村居民收入区域间差异情况

注：区域农民人均收入依据公式：$X = (x_1 p_1 + x_2 p_2 + \cdots + x_n p_n)/(p_1 + p_2 + \cdots + p_n)$ 计算而得，其中，X 为该类地区农村居民人均纯收入，x_n 为该类地区内各省（自治区、直辖市）农村居民人均纯收入，p_n 为该类地区内各省（自治区、直辖市）农村人口。

资料来源：根据《中国农村统计年鉴》、《新中国六十年统计资料汇编》和各省统计年鉴相关资料整理。

依据聚类分析将全国31省（自治区、直辖市）划分为高收入区、较高收入区、中等收入区和低收入区四类，改革开放以来四个区域间农村居民收入差距呈现波动扩大趋势，区域间农村居民收入离差不断扩大。依据极值差率变化可以看出1978—2011年间农村居民收入差距出现三个波峰，分别是1989年、1995年和2006年，且波峰值越来越高。从区域间农村居民收入差距水平变动看，1978年收入最高地区与收入最低地区农村居民人均收入相差45.5元，至2011年差距达到7462.98元，收入差距不仅表现在极值差上，组间差距也不断扩大，四个组之间农村居民收入差距都呈现出扩大趋势，且走势基本一致。

通过对农村居民收入差距和区域间农村居民收入差距演变历程分析，可以得出：第一，农村居民收入差距大于区域间农村居民收入差距；第二，农村居民收入差距处于持续上升过程，而区域间农村居民收入差距经历了由持续上升到有所缩小的阶段，即循环积累效应在农村居民收入差距中表现得更为明显或者持续时间更久，而区域间农村居民收入差距中扩散效应开始发挥重要作用；第三，农村居民收入区域间差异的演变历程，在一定程度上验证了本书理论假设中提出的农村居民收入区域间差异遵循倒"U"形趋势，即一定程度上肯定了库兹涅茨倒"U"形理论在区域间农村居民收入差异中的适用性，但还需要进一步在现状和趋势分析中对理论假设进行验证。

第三节 中国农村居民收入区域差异的发展现状

农村居民收入区域差异的演变分析仅能验证从过去至现在区域间农村居民收入差异呈现出的一个轨迹，缺少对目前收入差异发展状态的分析。地域差异理论指出由于地区的空间分布、区位特征以及资源布局等的差异，导致区域收入差异，伴随着工业化的进程，区域收入差异受传统资源布局影响越来越弱，而市场、人力资本、产业结构以及体制政策等因素对区域收入差异影响越来越显著，因而农村居民收入区域差异的发展现状区别于演进历程，对收入差异现状进行分析能更好地了解区域农村居民收入差异情况以及对理论假设进行验证。农村居民收入差异表现为农村居民之间收入差异和农村居民区域收入差异，其中农村居民收入区域差异包括县域间、市域间、省际间以及区际间差异等，对农村居民收入的省际间差异和区际间差异的现状分析为本书的研究内容。

一 省际间农村居民收入差异现状

农村居民收入省际间差异即各省（自治区、直辖市）之间的农村居民收入差异，包括绝对差异和相对差异，由于相对差异在一定程度上避免了价格因素对收入差异的影响，因此选择极值差率、加权平均离差、加权变异系数、阿特金森指数和基尼系数等作为衡量农村居民收入差异的主要指标，测得2000—2011年农村居民收入省际间差异情况。

表3-2　2000—2011年中国农村居民收入省际间差异情况

年份	极值差率 I_r	加权平均离差 D_w	加权变异系数 CV_w	阿特金森指数 $A\ (e=2)$	基尼系数 G
2000	4.205	0.240	0.328	0.061	0.217
2001	4.182	0.238	0.324	0.075	0.222
2002	4.256	0.237	0.328	0.069	0.223
2003	4.253	0.245	0.336	0.076	0.222
2004	4.105	0.237	0.327	0.073	0.218
2005	4.394	0.244	0.338	0.077	0.226
2006	4.605	0.245	0.340	0.081	0.228
2007	4.356	0.228	0.323	0.074	0.220
2008	4.200	0.218	0.311	0.069	0.214
2009	4.189	0.219	0.313	0.071	0.215
2010	4.082	0.218	0.310	0.061	0.210
2011	4.107	0.213	0.300	0.056	0.206

资料来源：根据《中国统计年鉴》、《中国农村统计年鉴》及各省统计年鉴相关资料计算整理。

第一，从极值差率看。2000年以来，省际间农村居民收入极值差率较高，均大于4，即最高地区的农村居民收入是最低地区的4倍以上。农村居民收入最高地区一直是上海，而最低地区分别是西藏（2000—2002年）、贵州（2003—2006年）和甘肃（2007—2011年）。2000—2011年省际间农村居民收入差距可以划分为三个阶段：2000—2003年是稳定时期，极值差率在4.2左右小幅度波动；2004—2006年是急速上升时期，极值差率从2004年的4.11迅速上升到2006年的4.61,3年间增加了0.5;2007—2011年是下降时期,极值差率落到2000年以来的最低值4.1左右。从以上分析可以看出,近年来省际间农村居民收入差距依然较大,绝对差距不断递增,2010年省际间极值差首次达到1万元差距。但如果从极值差率的变化来看,省际间农村居民收入相对差距近年来有所减小,在2010年省际间极值差率达到最低值4.08,说明各省农村居民收入都在增加,但收入最低省份的增加速度大于收入最高省份的增加速度,这有利于省际间农村居民收入差距的缩小。

第二,从加权平均离差和加权变异系数看。省际间农村居民收入差距考察的是各省之间的差距,合理可行的途径就是考察各省与总体平均值的差距,此外,由于不同地区规模有差异性,可以将人口规模权重加入省际间农村居民收入差距测算中。从图中可以看出,2000—2011年省际间农村居民收入加权平均离差和加权变异系数变化趋势基本一致,起伏变化不是很剧烈,2000—2003年总体呈现上升,2004年下降,2005—2006年微翘,2006年以后总体呈现持续下降,这一时期最高点出现在2006年,与极值差最高点相吻合,而2011年达到了这一时期的最低点。从两者的值来看,加权平均离差都在0.3以下,加权变异系数都小于0.4,说明各省

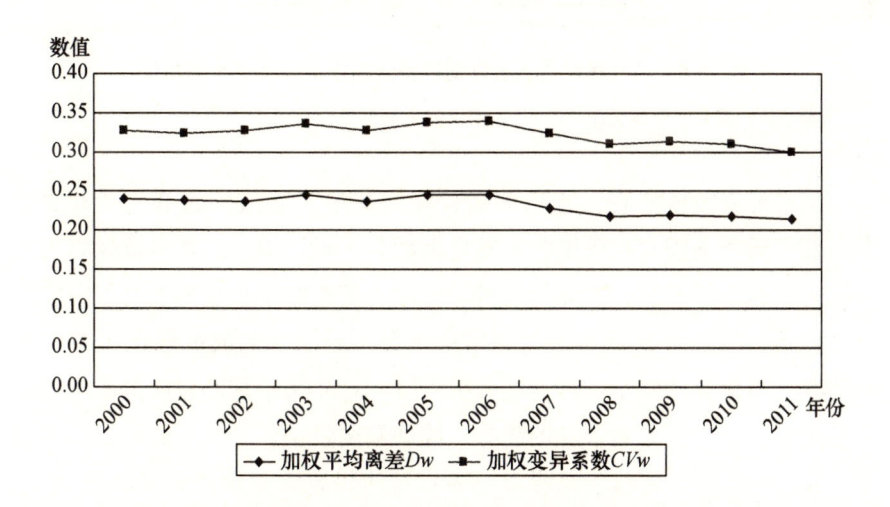

图3-4 农村居民收入省际间加权平均离差和加权变异系数变化

资料来源:根据《中国统计年鉴》、《中国农村统计年鉴》及各省统计年鉴相关资料计算整理。

农村居民收入已经偏离平均水平，但差距幅度还不是非常严峻。从上述分析可知，2000年以来省际间农村居民收入存在一定差距，但差距值还是处于可以控制范围，且有不断缩小的趋势。①

第三，从阿特金森指数和基尼系数看。用社会福利函数推导而来的阿特金森指数和不分组法计算的基尼系数，对2000—2011年省际间农村居民收入差距进行测算，发现两者结论有着相似性，即曲线变化趋势基本一致。经历了一个缓慢上升再缓慢下降的过程，最高点均出现在2006年，阿特金森指数达到0.08，基尼系数达到0.23。

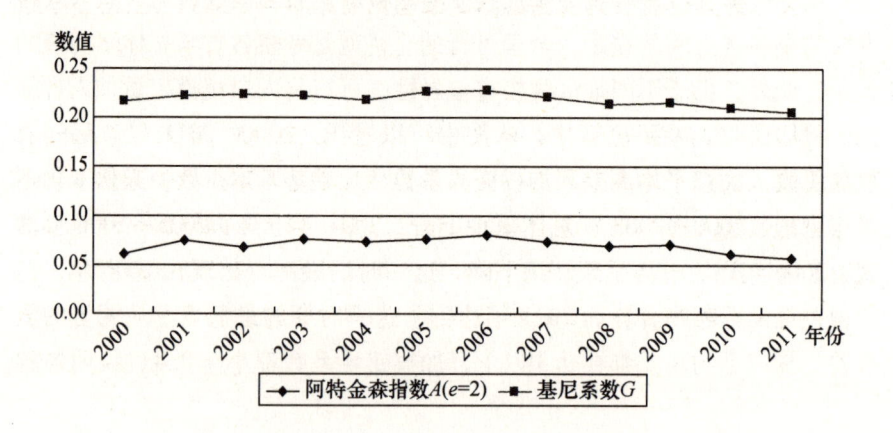

图3-5 农村居民收入省际间阿特金森指数和基尼系数变化

资料来源：根据《中国统计年鉴》、《中国农村统计年鉴》及各省统计年鉴相关资料计算整理。

从基尼系数值来看，近几年来省际间基尼系数值均在0.2和0.3之间，低于同期全国农村居民收入基尼系数$0.3<G<0.4$，表明省际间收入分配还是相对平均的，省际间农村居民收入差距略小于全国农村居民收入内部差距，特别是2011年基尼系数值达到了近十年来的最低点0.21，省际间收入差距逐步缩小。从上述分析可知，近年来中国农村居民收入省际间差距经历了先上升后下降的趋势，波动幅度较小，且收入差距正逐步缩小，省际间农村居民收入差距对总体农村居民收入差距的贡献越来越小，甚至起到反向拉动作用。

---

① 该研究结论与田成诗（2012）研究结论一致，即基于变异系数对2001—2009年省际间农村居民收入差距分析认为呈现缓慢减小趋势。

第四，从基尼系数构成分解看。收入差异不仅体现在收入水平差异，也表现为收入结构差异。对省际间农村居民收入来源构成的分解，有利于解释各个收入来源差异对省际间总体差异的影响程度。

表3-3　　2000—2011年中国农村居民收入省际间基尼系数及各收入来源变化　　单位:%

年份	基尼系数	工资性收入 相对集中系数	贡献	家庭经营纯收入 相对集中系数	贡献	财产性收入 相对集中系数	贡献	转移性收入 相对集中系数	贡献
2000	0.164	1.724	53.733	0.609	38.589	1.650	3.299	1.252	4.379
2001	0.164	1.714	55.896	0.601	37.046	1.545	3.065	1.075	3.993
2002	0.163	1.690	57.367	0.576	34.573	1.784	3.652	1.111	4.408
2003	0.167	1.585	55.509	0.618	36.328	1.701	4.265	1.055	3.897
2004	0.165	1.606	54.619	0.594	35.320	2.083	5.435	1.176	4.626
2005	0.170	1.639	59.144	0.531	30.065	1.949	5.295	1.213	5.495
2006	0.172	1.540	59.025	0.555	29.878	1.945	5.451	1.120	5.646
2007	0.164	1.530	59.001	0.551	29.176	2.021	6.259	1.036	5.563
2008	0.158	1.549	60.304	0.551	28.195	2.110	6.565	0.727	4.937
2009	0.159	1.542	61.669	0.542	26.599	2.056	6.670	0.655	5.062
2010	0.156	1.529	62.817	0.511	24.435	1.986	6.785	0.779	5.964
2011	0.153	1.470	62.453	0.538	24.859	2.085	6.830	0.725	5.857

资料来源：根据《中国统计年鉴》、《中国农村统计年鉴》及各省统计年鉴相关资料计算整理。

通过收入来源分解测得的农村居民收入省际间差异基尼系数，由于统计误差的存在，与不分组法测得的基尼系数数值相比略偏小一点，但前者对后者的解释率均在95%以上，两者变化趋势完全一致，即2000年以来，中国农村居民收入省际间差距的基尼系数经历了一个缓和的先增后减过程，省际间农村居民收入差距正逐渐缩小。

按照收入来源分解的四个构成部分变化来看，工资性收入对农村居民收入省际间基尼系数的贡献最大，达到50%以上，并且仍在逐年递增，至2011年达到62.45%；家庭经营性收入对基尼系数的贡献仅次于工资性收入，均值在30%左右，但其贡献值正在逐年递减，至2011年已经降到24.86%；财产性收入和转移性收入虽然对农村居民收入省际间基尼系数的贡献均在10%以下,但近几年来其贡献值有增长的趋势。

从相对集中系数看,工资性收入和财产性收入一直发挥着扩大收入差距的作用,家庭经营性收入起着缩小收入差距的作用,转移性收入正由扩大收入差距作用向缩小收入差距作用转变。[①] 具体来看,财产性收入对收入差距拉大作用最大,且拉力仍继续增加,近年来相对集中系数均在2左右;工资性收入虽然也起着拉大收入差距的作用,但拉力越来越弱,至2011年已由原来2000年的1.72下降为1.47,减少了0.25;转移性收入从2000—2007年一直起着拉大收入差距的作用,但2008年以后相对集中系数均小于1,主要起到缩小收入差距的作用;家庭经营性收入虽然一直起着缩小收入差距的作用,但相对集中系数却逐年下降,至2011年已经降到0.54,比2000年数值减少了0.07,说明家庭经营性收入对收入差距缩小作用正逐年下降。

从上述对基尼系数收入来源分解分析,可以看出省际间农村居民收入差距正逐年缩小;工资性收入和家庭经营性收入是收入的主要来源,也是收入差距的主要贡献者,但工资性收入发挥的是拉大收入差距的作用,而家庭经营性收入发挥的是缩小收入差距的作用;从未来发展趋势看,转移性收入是缩小省际间农村居民收入差距的重要力量。

综上所述,省际间农村居民收入绝对差距较大,且有继续扩大的趋势;相对差距虽然略小于绝对差距,但差距值依然过大;相对差距从2006年以来出现持续缩小的趋势,至2011年省际间农村居民收入相对差距得到较大幅度缩小,但差距值仍然需要进一步降低;转移性收入是缩小省际间农村居民收入差距的重要力量之一。

二 区域间农村居民收入差异现状

(一)四大区域间农村居民收入差异

区域间农村居民收入差异不仅需要测算高收入地区和低收入地区之间的差异,四大区域之间差异也需要测算;不仅需要描述出绝对差异,也需要指出相对差异程度;同时,既需要对区域间总体差异进行衡量,也需要按收入来源对差异结构进行分析。

第一,从极值差和极值差率看。近年来,四大区域农村居民人均收入

---

① 该研究结论与刘长庚(2012)和白慧芳(2012)研究结论一致,即工资性收入和家庭经营性收入在地区农村居民收入差距中贡献最大,其中工资性收入贡献逐年上升,家庭经营性收入贡献逐年递减。

水平都得到大幅度直线提高，2011年农村居民收入比2000年均提高3倍左右，其中低收入地区提高的幅度和速度要快于高收入地区，低收入地区年均增长率达到0.112，中等收入地区达到0.111，高收入地区为0.109，较高收入地区为0.103。但是从收入绝对差距看，高收入地区一直处于绝对优势，极值差水平从2000年的2446.30元上升到2011年的7462.98元，极值差净增了5016.68元，这就说明了近年来中国农村居民收入区域间绝对差距在不断扩大，而且有继续扩大的趋势。但是从极值差率变化情况来看，差距水平变化则经历了一个倒"V"形趋势，即2000—2006年极值差率持续上升，2006年以后开始持续下降，至2011年已经降到2.62，达到这一段时间的最低值。极值差反映的是绝对差距，极值差率反映的是相对差距，由于极值差率消除了价格因素对收入差距的影响，因而更能反映收入差距的实际情况。所以，中国农村居民收入区域间相对差距是先增后减，特别是近年来呈现持续缩小的趋势。总之，从绝对差距来看，近年来中国农村居民收入区域差距是在不断扩大，但从相对差距变化来看，中国农村居民收入区域间差距经历了一个先上升后下降趋势，且有持续缩小趋势。

表3-4　　2000—2011年中国农村居民收入区域间极值差和极值差率　　单位：元

年份	高收入地区	较高收入地区	中等收入地区	低收入地区	极值差	极值差率
2000	3899.29	2988.48	2068.24	1452.99	2446.30	2.68
2001	4132.07	3117.07	2155.63	1508.68	2623.39	2.74
2002	4398.94	3269.90	2262.11	1600.35	2798.60	2.75
2003	4729.55	3453.08	2367.68	1702.04	3027.50	2.78
2004	5261.57	3804.95	2687.94	1870.60	3390.98	2.81
2005	5907.34	4198.36	2960.38	2047.15	3860.19	2.89
2006	6534.47	4602.57	3261.12	2231.77	4302.70	2.93
2007	7379.76	5212.34	3810.28	2592.98	4786.78	2.85
2008	8291.51	5937.48	4405.46	3024.02	5267.49	2.74
2009	9025.12	6412.50	4742.94	3297.70	5727.42	2.74
2010	10305.65	7321.01	5469.81	3876.38	6429.27	2.66
2011	12080.70	8713.97	6513.89	4617.72	7462.98	2.62

资料来源：根据《中国统计年鉴》和《中国农村统计年鉴》相关数据计算整理。

农村居民收入区域间差距不仅表现在农村居民人均纯收入差距，不同收入来源结构差距也很明显。从极值差看，区域间农村居民四个收入来源的极值差都在持续扩大，说明农村居民不同收入来源绝对差距都在不断扩大；其中工资性收入极值差最大，财产性收入极值差较小，说明在四个不同收入来源中，工资性绝对收入差距最大，财产性绝对收入差距最小。从极值差率看，四个不同收入来源的极值差率变化趋势各有不同，其中工资性收入极值差率最大，呈现出持续下降趋势，说明区域间农村居民工资性收入相对差距最大，但近年来呈现持续下降趋势；家庭经营性纯收入极值差率最小，先小幅度上升后持续下降，说明区域间农村居民家庭经营纯收入相对差距较小，且收入差距呈现出先上升后不断缩小趋势；财产性收入极值差率位居第二，但近年来持续扩大，说明区域间农村居民财产性收入相对差距也较大，且有持续扩大趋势；转移性收入极值差率近年来虽然有所波动，但是数值变化不是很大，说明区域间农村居民转移性收入之间存在差距，该差距近年来没有明显的扩大或者缩小。从上述对农村居民不同收入来源区域间极值差和极值差率变化分析可以看出：近年来，农村居民收入区域间绝对差距在不断扩大，主要表现在工资性收入差距的扩大，财产性收入和转移性收入差距虽然也有所扩大，但是变化幅度不是很明显；农村居民收入区域间相对差距呈现先升后降趋势，主要体现在工资性收入相对差距的持续下降和家庭经营纯收入的先升后降。

表3-5　　　　　2000—2011年中国农村居民不同收入来源区域间极值差和极值差率　　单位：元

年份	工资性收入 极值差	工资性收入 极值差率	家庭经营纯收入 极值差	家庭经营纯收入 极值差率	财产性收入 极值差	财产性收入 极值差率	转移性收入 极值差	转移性收入 极值差率
2000	1584.57	6.26	716.32	1.67	63.96	2.92	81.45	2.65
2001	1723.99	6.09	743.59	1.69	63.26	2.89	92.54	2.54
2002	1885.18	6.02	728.43	1.65	77.49	3.00	107.49	2.46
2003	2016.44	5.76	780.75	1.67	109.17	3.29	121.14	2.66
2004	2245.04	5.89	868.05	1.68	136.78	3.79	141.10	2.74
2005	2584.14	6.03	933.40	1.68	166.59	4.22	176.05	2.65
2006	2851.58	5.74	1057.15	1.73	191.07	4.15	202.90	2.61
2007	3135.87	5.39	1166.62	1.71	236.43	4.33	247.86	2.60

续表

年份	工资性收入 极值差	极值差率	家庭经营纯收入 极值差	极值差率	财产性收入 极值差	极值差率	转移性收入 极值差	极值差率
2008	3521.61	5.12	1214.43	1.66	295.47	4.50	235.98	1.93
2009	3865.20	5.06	1212.73	1.63	343.41	4.61	306.08	1.96
2010	4403.25	4.75	1226.33	1.55	387.07	4.23	412.61	2.17
2011	5100.17	4.32	1322.43	1.53	428.08	4.07	612.30	2.38

资料来源：根据《中国统计年鉴》和《中国农村统计年鉴》相关数据计算整理。

第二，从加权平均离差和加权变异系数看。2000—2011年中国农村居民收入区域间加权平均离差和加权变异系数变化趋势基本完全一致，2000—2006年总体呈现缓慢上升趋势，2006年以后开始持续下降，2011年均达到了这一时期的最低值，加权平均离差达到0.203，加权变异系数达到0.284，说明农村居民收入区域间差距经历了先升后降，收入不均等程度逐渐缩小。[①] 通过区域间和省际间对比发现，区域间加权平均离差值和加权变异系数值均略小于省际间相应年份的数值，但两者的变化趋势完全一致，说明在同期内区域间农村居民收入差距要略小于省际间农村居民收入差距，区域间和省际间农村居民收入差距震荡变化幅度是一致的。

表3-6　　　2000—2011年中国农村居民收入区域间差异情况

年份	加权平均离差 D_w	加权变异系数 CV_w	阿特金森指数 A ($e=2$)	基尼系数 G
2000	0.227	0.303	0.052	0.198
2001	0.227	0.301	0.067	0.202
2002	0.227	0.307	0.061	0.204
2003	0.235	0.314	0.067	0.207
2004	0.226	0.308	0.066	0.207
2005	0.236	0.319	0.069	0.212
2006	0.237	0.321	0.073	0.214

---

① 该研究结论与覃成林（2012）研究结论一致，即基于加权变异系数分析认为区域间农村居民收入差距在2000年呈现缓慢扩大，2006年左右收入差距开始逐年缩小。

续表

年份	加权平均离差 D_w	加权变异系数 CV_w	阿特金森指数 A ($e=2$)	基尼系数 G
2007	0.223	0.307	0.068	0.207
2008	0.214	0.295	0.063	0.200
2009	0.217	0.297	0.064	0.201
2010	0.213	0.293	0.054	0.196
2011	0.203	0.284	0.048	0.193

资料来源：根据《中国统计年鉴》和《中国农村统计年鉴》相关数据计算整理。

第三，从阿特金森指数和基尼系数看。阿特金森指数在2006年之前是震荡上升的，即下降与上升交替出现但幅度都很小，在2006年达到最高值0.073，2006年以后持续下降，最低值出现在2011年降到这一时期最低值0.048。与省际间相比，区域间阿特金森指数值略小于省际间的值，但两者有着相同的波动幅度。2000—2011年区域间农村居民收入基尼系数均在0.2左右小幅度波动，基尼系数值2000—2006年逐年递增，但2006年以后逐渐下降，至2011年达到近年来最低值0.193。区域间基尼系数值均略小于同年省际间基尼系数值，两者波动幅度从2006年以后完全一致，2006年以前省际间基尼系数波动幅度更显著一些，上升与下降交替出现。

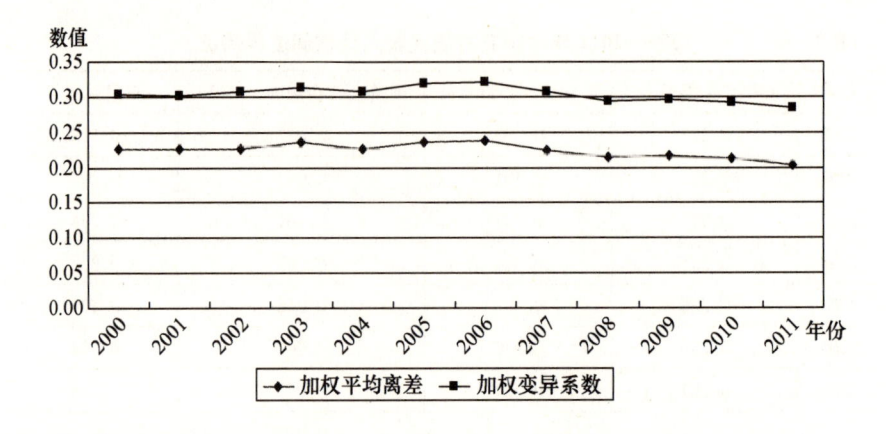

图3-6 农村居民收入区域间加权平均离差和加权变异系数变化

资料来源：根据《中国统计年鉴》和《中国农村统计年鉴》相关数据计算整理。

第四，从基尼系数构成分解看。农村居民收入区域间差距不仅表现在区域间农村居民收入的总体差距，也包括各收入来源差距，对农村居民收入区域间基尼系数按收入来源构成进行分解，有利于分析各收入来源构成对区域间农村居民收入总体差异的贡献程度。

表 3-7　　　　2000—2011 年中国农村居民收入区域间
基尼系数及各收入来源变化　　　　　　单位：%

年份	基尼系数	工资性收入 相对集中系数	贡献	家庭经营纯收入 相对集中系数	贡献	财产性收入 相对集中系数	贡献	转移性收入 相对集中系数	贡献
2000	0.144	1.812	56.461	0.563	35.667	1.511	3.021	1.387	4.851
2001	0.144	1.797	58.630	0.552	34.065	1.302	2.585	1.271	4.720
2002	0.144	1.775	60.249	0.525	31.547	1.539	3.150	1.274	5.054
2003	0.147	1.715	60.075	0.530	31.159	1.603	4.020	1.285	4.746
2004	0.145	1.764	59.970	0.509	30.245	1.921	5.012	1.213	4.773
2005	0.152	1.746	63.003	0.474	26.875	1.748	4.751	1.186	5.370
2006	0.153	1.647	63.111	0.488	26.262	1.833	5.134	1.090	5.493
2007	0.147	1.634	63.012	0.486	25.762	1.886	5.841	1.003	5.385
2008	0.142	1.668	64.965	0.475	24.327	2.054	6.390	0.636	4.318
2009	0.143	1.656	66.241	0.460	22.558	2.011	6.526	0.605	4.675
2010	0.139	1.658	68.098	0.417	19.956	1.892	6.465	0.716	5.482
2011	0.135	1.609	68.326	0.422	19.509	1.863	6.103	0.751	6.062

资料来源：根据《中国统计年鉴》、《中国农村统计年鉴》及各省统计年鉴相关资料计算整理。

通过对 2000—2011 年四大区域农村居民收入按四个收入来源构成分解测得的基尼系数，由于计算方法和统计误差的存在，其同期数值均略小于不分组法测得的农村居民收入区域间基尼系数，但前者对后者的解释率达到 95% 以上，两者有着完全一致的变化趋势，即自 2000—2011 年以来，农村居民收入区域间基尼系数经历了先升后降的变化，最高值均出现在 2006 年，此后基尼系数呈现持续下降趋势，至 2011 年达到这一时期最低点。相比而言，不分组法测得的农村居民收入区域间基尼系数值均在0.2左右，2006年达到这一时期最高值0.214，2011年降到这一时期最低值0.193，而按收入来源结构分组法测算的基尼系数值均在0.15左右，2006年达到最高值0.153，2011年达到最低值0.135。

四个不同收入来源对区域间基尼系数有着不同贡献。工资性收入是农村居民收入区域间基尼系数的主要贡献者，贡献程度始终在50%以上，并且其贡献值仍然在逐年递增，至2011年已经达到68.33%，说明农村居民收入区域间差距绝大部分是由于农村居民工资性收入引起的；家庭经营性收入对基尼系数的贡献仅次于工资性收入，在30%左右波动，但其贡献值正在逐年递减，至2011年已经降为19.51%，说明家庭经营性收入对农村居民收入区域间差距贡献作用越来越弱；财产性收入和转移性收入对基尼系数的贡献值较小，且均在5%左右波动，近年来虽有略上升趋势，但对农村居民区域间收入差距贡献有限。

不同的收入来源对区域间农村居民收入差距也起着不同的作用。工资性收入相对集中系数值均大于1，说明工资性收入一直发挥扩大区域间农村居民收入差距的作用，其系数值近年来越来越小，说明其拉大收入差距的作用越来越弱；家庭经营性收入相对集中系数值均小于1，说明家庭经营性收入一直发挥缩小区域间农村居民收入差距的作用，其系数值越来越小，说明其缩小收入差距的作用越来越小；财产性收入相对集中系数值均大于1，且近年来有持续增大趋势，说明财产性收入对农村居民收入区域间差距发挥着拉大作用，且其拉大作用越来越明显；转移性收入相对集中系数值越来越小，且由大于1逐渐转变为小于1，说明转移性收入由拉大收入差距作用转变为缩小收入差距作用，并且其缩小收入差距作用越来越明显。

从上述对基尼系数收入来源分解分析，可以看出区域间农村居民收入差距正逐年缩小；工资性收入和家庭经营性收入是收入的主要来源，也是收入差距的主要贡献者，但工资性收入发挥的是拉大收入差距的作用，而家庭经营性收入发挥的是缩小收入差距的作用；从未来发展趋势看，转移性收入是缩小区域间农村居民收入差距的重要力量。

第五，从泰尔指数分解来看，泰尔指数的一个重要特性就是可以进行地区间分解，使用泰尔指数对中国农村居民收入差距进行分解，可以分解为区域内差距和区域间差距，这样不仅可以考察区域内、区域间和总体差

第三章　中国农村居民收入区域差异的演变及现状 ·61·

距的大小,也可以考察农村居民收入差距在多大程度上是由区域间差距引起的,区域内差距又能对总体农村居民收入差距有多大贡献。

从 2000—2011 年农村居民收入泰尔指数变化情况看,这一段时间泰尔指数比较震荡,基本呈现增减交错出现,但总体上经历了一个逐步上升到逐步下降的过程,说明农村居民收入差距经历了由扩大到缩小的过程,最高值出现在 2006 年达到 0.0251,且 2011 年泰尔指数值达到这一时期最低值 0.0157,这一变化趋势与基尼系数基本一致,均说明了近年来区域间农村居民收入差距在不断缩小。

表 3-8　　　　2000—2011 年中国农村居民收入区域间
泰尔指数及贡献　　　　　单位:%

年份	总体泰尔指数	高收入地区 泰尔指数	高收入地区 贡献	较高收入地区 泰尔指数	较高收入地区 贡献	中等收入地区 泰尔指数	中等收入地区 贡献	低收入地区 泰尔指数	低收入地区 贡献	区域间 泰尔指数	区域间 贡献
2000	1.80	0.25	13.75	0.57	31.82	0.18	9.80	0.05	2.66	0.76	41.96
2001	2.42	0.28	11.46	0.46	19.12	0.18	7.42	0.06	2.58	1.44	59.42
2002	2.17	0.33	15.17	0.41	18.74	0.15	6.95	0.08	3.85	1.20	55.29
2003	2.50	0.37	14.84	0.34	13.45	0.19	7.48	0.15	5.93	1.46	58.31
2004	2.23	0.31	14.14	0.25	11.45	0.18	7.91	0.12	5.21	1.36	61.29
2005	2.30	0.38	16.61	0.18	7.81	0.18	7.71	0.13	5.82	1.43	62.04
2006	2.51	0.41	16.34	0.17	6.78	0.18	7.10	0.19	7.57	1.56	62.20
2007	2.21	0.39	17.89	0.09	3.90	0.14	6.21	0.19	8.55	1.40	63.45
2008	2.05	0.40	19.63	0.08	3.80	0.13	6.32	0.13	6.40	1.31	63.84
2009	2.13	0.40	18.70	0.08	3.65	0.13	6.19	0.16	7.38	1.37	64.09
2010	1.77	0.39	21.92	0.08	3.83	0.16	8.76	0.21	11.94	0.95	53.56
2011	1.57	0.31	19.69	0.06	3.86	0.18	11.73	0.25	15.76	0.77	48.96

注:表中的泰尔指数均为原值乘以 100 后的数据;泰尔指数是人口份额加权的人均收入差异。

资料来源:根据《中国统计年鉴》和《新中国六十年统计资料汇编》相关资料计算整理。

从区域间和区域内泰尔指数变化看,区域间泰尔指数也是在震荡中上升与下降,基本呈现两年一个波动,其趋势与总体泰尔指数变化相似,经历了先上升后下降的过程,最高值出现在 2006 年达到 0.0156,2011 年降到较低值0.0077，说明区域间农村居民收入差距经历了先上升后下降的趋势，且在2011年缩小到这一时期较低值；区域内泰尔指数变化相对平稳一些，虽然在个别时段有所波动，但总体呈现下降趋势，这也说明区域内农村居民收入差距近年来也是在不断缩小的。

从四大区域划分看区域内泰尔指数的变化，可以发现高收入地区泰尔指数经历了先上升后下降的趋势，在2006—2009年泰尔指数值均持续在0.0040左右，然后开始下降，至2011年下降到相对较低值0.0031，说明高收入地区农村居民收入差距近年来先上升后下降，且有持续下降的趋势；较高收入地区的泰尔指数在2000—2011年间一直持续下降，2006年以前下降的幅度较为剧烈，2006年以后平缓下降，这一曲线变化现象说明了较高收入地区农村居民收入差距近年来一直在不断缩小，农村居民收入平等程度在进一步提高；中等收入地区近年来泰尔指数变化不是很大，曲线比较平缓，虽然在2007—2009年间有所下降，但2009年以后又恢复到2000年左右的水平，说明中等收入地区农村居民收入差距近年来变化不是很大；低收入地区泰尔指数近年来在不断提升，从2000年的0.0005上升到2011年的0.0025，提高了5.15倍，年均增长率达到0.20，大于高收入地区与较高收入地区泰尔指数的年均下降水平，这个变化一方面说明低收入地区农村居民收入差距在不断拉大，另一方面也说明区域内部农村居民收入水平总体呈现扩大趋势。将泰尔指数在同一年份不同区域间进行比较，可以发现泰尔指数最高值分别出现在2000—2002年的较高收入地区和2003—2011年的高收入地区，泰尔指数最低值出现在2000—2005年的低收入地区和2006—2011年的较高收入地区；2000年泰尔指数最高值是最低值的12倍，较高收入地区农村居民收入差距较大而低收入地区差距较小，地区间悬殊较大；2011年泰尔指数最高值是最低值的5倍，高收入地区收入差距较大，而较高收入地区收入差距较小，地区差距悬殊幅度得到缩小。

从泰尔指数贡献情况看，在总泰尔指数的贡献中，区域内的贡献呈现出凹形变化，而区域间的贡献呈现凸形变化，即2000年在总泰尔指数中，区域内的贡献占到58.04%，而区域间的贡献占到41.96%，此后区域间的贡献逐渐上升，区域内的贡献逐渐下降，在2009年区域间贡献达到最高值64.09%，而区域内贡献仅占35.91%，2009年以后区域内贡献开始上升，区域间贡献开始下降，至2011年区域内贡献达到51.04%，区域间贡献将为48.96%。上述分析可知，在对农村居民收入总体差距贡献中，区域内的贡献在50%以下波动，但近年来有上升的趋势，区域间的贡献在50%以上波动，近年来有下降的趋势。

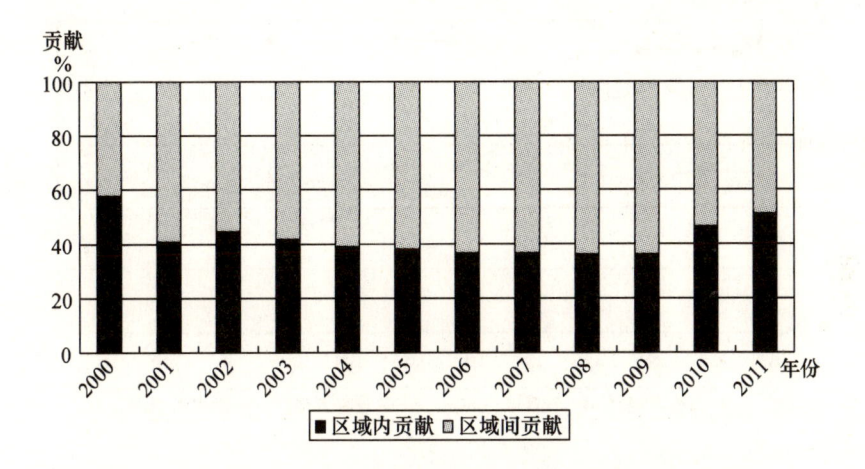

图3-7 2000—2011年农村居民收入泰尔指数区域间与区域内贡献

资料来源：根据《中国统计年鉴》和《新中国六十年统计资料汇编》相关资料计算整理。

综上所述，近年来中国农村居民收入区域间绝对差距较大，且有继续扩大趋势；相对差距值虽然略小于绝对差距，但依然过大，需要进一步缩小；相对差距变动幅度不大，且从2006年以来有持续缩小趋势，至2011年达到近年来最小值；区域间农村居民收入差距值略小于省际间差距，但两者基本呈现出相同的波动幅度；从区域间差异来源构成看，转移性收入依然是缩小差距的有效途径。

（二）四大区域内农村居民收入差异

第一，高收入地区内农村居民收入差异。5个高收入省、市是全国农村居民收入最高的地区，高收入水平伴随着较大的收入差距。区域内各地区收入差距较大，虽然2011年这5个地区农村居民人均收入水平均超过1万元，但极值差也达到了最大值5248.84元，极值差是2000年的2.6倍，各省、市之间差距都较大。去除价格因素，极值差率在2000—2011年间呈现震荡波动，上升与下降交替出现，虽然2006年以来持续下降，但仍然盘踞在较高水平，2011年高收入地区的极值差率为1.49，比前几年有所减小但依然大于其他几个区域。基尼系数也呈现出与极值差率相似波动趋势，高收入地区的 5 省、市之间的基尼系数值长期大于其他几个地区内部基尼系数，虽然 2011 年下降为 0.077，但依然大于其他几个地区。

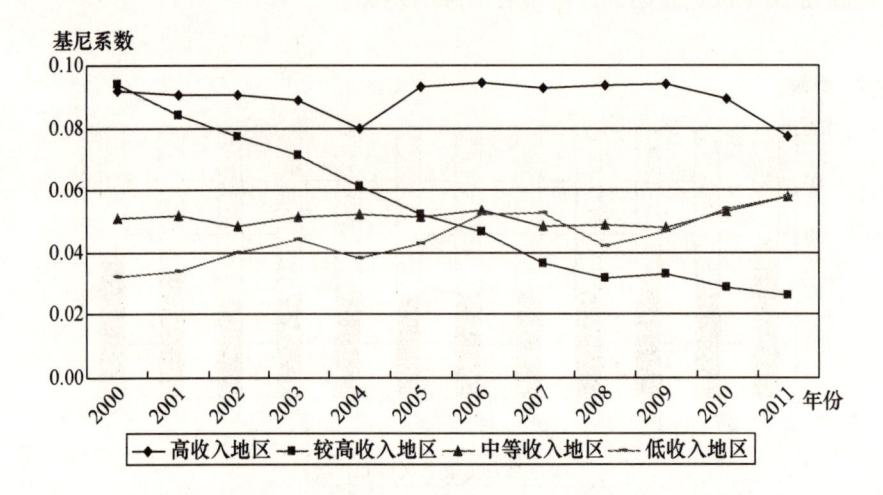

图 3-8　2000—2011 年中国农村居民收入各区域内基尼系数
资料来源：根据《中国统计年鉴》、《中国农村统计年鉴》相关资料计算整理。

第二，较高收入地区内农村居民收入差异。较高收入地区 4 省农村居民收入水平虽然仅次于高收入地区，但区域内收入差距与高收入地区差别很大，近年来较高收入地区各省之间极值差水平不仅没有大幅度上升，反而呈现逐年小幅度递减趋势，2011 年较高收入地区极值差水平是同期高收入地区极值差水平的五分之一。去除价格因素，极值差率也是逐年递减，至 2011 年极值差率为 1.13，比 2000 年减少了 0.42。基尼系数也呈现出逐年递减趋势，而且递减幅度大于高收入地区同期变化速度，至 2011 年基尼系数降为 0.026，为 2000 年基尼系数的四分之一。

第三，中等收入地区内农村居民收入差异。中等收入地区包含了 15 个省份，但极值差水平却不是很大，2000 年仅为 754.56 元，虽然近年来极值差呈现上升趋势，但 2011 年中等收入地区极值差水平仅为高收入地区的二分之一。去除价格因素的极值差率先下降后上升，至 2011 年已经达到 1.45，比 2000 年极值差率高 0.01。基尼系数在震荡中略有上升，至 2011 年基尼系数达到 0.058，比 2000 年高出 0.007。

第四，低收入地区内农村居民收入差异。低收入地区农村居民收入水平最低，约为高收入地区的三分之一，而且低于全国平均水平，极值差也一直低于其他几个地区的同期水平，但极值差增长率较高，年均增长率是高收入地区的 1.84 倍，说明低收入地区近年来农村居民收入差距在迅速拉大。从极值差率和基尼系数看，低收入地区收入差距扩大速度要高于其他几个地区，2011 年基尼系数达到 0.058，比 2000 年基尼系数 0.032 上升 0.026。

综上所述，近年来四个区域农村居民收入绝对差距在不断扩大；但是去除价格因素后，高收入地区和较高收入地区农村居民收入差距都在不断缩小，其中较高收入地区差距缩小的幅度大于高收入地区；中等收入地区和低收入地区收入差距总体出现上升趋势，其中低收入地区收入差距上升幅度要大于中等收入地区。

运用收入差异测度指标对省际间和区际间农村居民收入差异进行测度分析，可以看出：第一，省际间和区际间农村居民收入差异均小于农村居民间收入差异，同时区际间收入差异小于省际间收入差异；第二，区域间农村居民收入差异在 2006 年以前大体呈现持续上升趋势，2006 年以后开始缓慢下滑，通过现状分析基本可以验证理论部分提出的农村居民收入区域差异长期将呈现倒"U"形趋势，也符合地区收入不平衡理论提出的地区收入差距最终会趋于缩小的结论；第三，通过对区域间农村居民不同收入来源差异的分析，可以看出工资性收入差异成为农村居民收入区域差异的重要贡献部分，而且贡献率越来越大，该结论符合区域收入差距理论中提出的非农产业和乡镇企业等逐步成为影响地区收入差异的重要因素的观点，也符合个人收入差距理论中认为的个人非农产业就业机会不平等导致地区收入差异的观点；第四，从各区域内部省际间农村居民收入差异分析看，高收入区域内部地区间收入差异大于低收入区域内部地区间收入差异，即农村居民收入越高的区域内部地区间收入差异越大，而收入较低的区域内部地区间收入差异相对较小。

第四章 中国农村居民收入区域差异的影响因素

在上一章对农村居民收入区域差异演变和现状进行了分析，得出中国农村居民收入区域差异总体上能够呈现出倒"U"形特征，那么农村居民收入区域差异为什么会呈现如此特征？本章对中国农村居民收入区域差异影响因素进行探讨，试找出哪些因素影响了农村居民收入区域差异的变化，以及影响力有多大。本章分别运用理论角度分析、定性分析和实证分析三个方法，对农村居民收入区域差异的影响因素进行分析。

第一节 农村居民收入区域差异影响因素的理论分析

关于农村居民收入差异影响因素问题理论界主要从两个方面进行探讨，一方面侧重于分析初始条件，另一方面侧重于分析经济增长的影响因素，判断哪些因素是引发收入差距扩大的因素，哪些因素有利于缩小收入差距。一些学者从库兹涅茨假说出发，认为经济增长是导致收入差距的重要因素，林毅夫（1998）认为地区收入差距是经济增长的结果和表现，人均收入与人均 GDP 有着高度的相关性；另一些学者则认为收入差距与经济增长没有必然关系，而是取决于所实施的经济发展战略和社会政策，Yang（1990）认为不同的地区发展战略对收入差距有着重要的影响，收入再分配手段在缩小地区收入差距中发挥重要的作用。

新古典增长理论从要素边际报酬递减规律出发，得出收入差距将会产生趋同现象，而内生增长理论将人力资本引入增长函数，认为人力资本对收入有着显著的贡献，由于人力资本存在地区差异性，因而地区收入差距不会产生趋同现象。虽然两种理论对收入差距未来发展趋势存在不同见解，但均认为只要是影响到经济增长的因素必然会影响到收入差距，因而，在分析区域收入差距影响因素的时候需要充分考虑经济增长的影响因素。根据 Cobb – Douglas 生产函数 $Y = A(t) L^{\alpha} K^{\beta} \mu$，影响经济增长的主要因素包括人力资本 L、物质资本 K、技术进步 A，以及 μ 里面的地理因素和政府政策等。

胡佛—费雪的发展阶段理论从区域经济的产业结构变换角度，阐述了区域经济发展是一个由低级到高级的阶段性过程，农村作为一个区域也必然遵循这个发展过程。产业结构是影响农村经济的一个重要因素，可以说农村地区经济总量的差异根本原因在于地区间产业结构的差异，因此揭示农村居民收入区域间差异必然要对产业结构进行分析，农村居民收入与产业结构及其变动有较强的耦合关系。

地域差异论认为居民收入低的地区一般是地理环境差或自然资源少的地区，收入高的地区拥有优越的自然地理资源，自然地理环境对农村居民收入区域差异有着较大的影响；伴随着工业化进程的推进，自然环境和地理区位对地区收入差异影响越来越弱，而市场化程度、人力资本、产业结构和政策体制等因素影响力越来越强；还有一些学者认为非农产业发展、城市化进程、农产品贸易以及要素流动等因素对地区间收入差异有着重要的影响。

此外，个人收入差距理论认为个人内生因素和外生因素是地区间收入差异的重要影响因素，从个人内生因素看，主要是教育和劳动者年龄对个人收入差异的影响；从个人外生因素看，主要是机会不平等包括客观不平等如教育、市场和制度等，以及主观不平等如劳动者素质等。

第二节 农村居民收入区域差异影响因素的定性分析

从区域农村居民收入差距的构成看，农村居民收入差距主要表现在工资性收入、家庭经营性收入、财产性收入和转移性收入差距四个方面。转移性收入主要取决于政府的财力和社会政策，政府的财力大小又依赖于地区的经济发展，因而影响经济发展的因素必然影响转移性收入；财产性收入比重呈现逐步增大，在地区农村居民收入差距中的贡献也越来越大，稳定的财产性收入依赖于地区经济的稳定和发达程度，因而影响经济发展的因素也可以用来分析财产性收入差距影响因素；工资性收入是农户受雇而出卖劳动的报酬收入，包括乡村组织、企业以及其他单位劳动中得到的报酬，这与劳动力素质、非农产业发展以及劳动力流动等因素密切相关；家庭经营性收入是农村居民收入的主要来源，也是农村居民收入差距的重要贡献者，取决于农业生产的基础设施、生产要素的丰腴程度以及自然地理条件等。

一 自然地理条件

新经济地理理论认为地理空间对区域经济发展有着重要的影响，自然资源禀赋、地理位置以及区位差异是区域间农村居民收入差异的基础原因。农业是弱质产业，对自然地理条件依赖性较大，不同的自然地理区位差异导致农业生产和农村居民收入的差异。区域间农村居民收入水平的差异首先来自于自然地理条件和农业生产条件的差异。

从地理区位看，Ⅰ类地区地处东南沿海，交通便利，地势平坦，农业生产基础设施完善，农业发展资金充裕、生产技术成熟，农产品的国内外运输有着便利的通道；而Ⅳ类地区多数地处西北部地区，山地、丘陵和沙漠的地形决定了农业生产条件恶劣，交通不便，农业生产基础结构薄弱，限制了农业生产要素的流入和农产品的输出。从自然资源看，虽然Ⅳ类地区有着丰富的农业生产自然资源，如耕地面积为24295.39千公顷，占全国耕地面积的19.96%，是Ⅰ类地区的3倍多，但由于地处干旱沙漠地带，农业生产的自然环境恶劣，耕地生产能力较低，资源粗放型农业生产的自然资源回报率低下。从历史发展看，历史初始水平的差异是中国农村居民收入区域差异的一个重要原因。新中国成立之前，农业生产布局和生产力水平就处于不均衡状态，东南沿海地区农业生产效率较高，而内陆和西北部地区农业生产相对落后，"马太效应"促使Ⅰ类地区农村居民收入水平越来越高，区域间农村居民收入差异越来越大。

二 劳动力素质

首先，劳动力素质是影响地区经济发展的重要因素。农村劳动力素质形成受到农村地区经济发展水平的影响，又反过来促进农村地区经济发展。农村劳动力素质包含身体素质和科技素质，其中身体素质是农村居民稳定收入的根本因素，表现为农村家庭成员的健康水平，主要取决于农村居民的消费水平，可以用农村居民的消费支出来衡量。Ⅰ类地区农村居民人均消费水平较高，其中非食品类消费逐年上升，消费支出结构逐步合理化，而Ⅳ类地区消费水平相对较低，且食品和居住消费支出占有较大比重，消费结构层次较低，消费支出水平和结构不同，决定了不同区域农村劳动力素质不同，从而影响了农村居民收入水平区域差异。农村居民的科技素质在形成居民收入中更为重要，包括农村居民的科学文化、劳动技术和生产技能等，科技素质与农村居民收入呈正相关关系即科学文化素质高则农村居民收入水平高，一般用教育水平来衡量农村居民的科技素质，可以用平均受教育年限、入学率和文盲率等指标。Ⅳ类地区落后的经济发展水平限制了教育发展的投入，影响了农村居民科技素质的提高，导致了低收入水平与低教育投入的恶性循环，而Ⅰ类地区经济和教育良性循环的溢出效应提高了农村居民收入水平，教育水平的差异成为影响区域农村居民收入水平差异的重要因素。

其次，劳动力流动对区域收入差距有着重要影响。姚枝仲（2003）认为劳动力从边际生产率低的地区流向生产率高的地区，一方面提高了劳动力的利用效率，另一方面从长期看必然带来地区间劳动边际生产率均衡，缩小地区间收入差距。落后地区劳动力的流出，一方面提高了落后地区的生产效率，另一方面资金、技术和管理经验的回流也必然带来落后地区生产的发展和收入的提高。不同区域的农村剩余劳动力流动，短期内可能出现落后地区农村劳动力资源流失现象，但长期看则是优化了劳动力资源的配置效率，解放和提高了农业生产效率，对缩小区域间农村居民收入差距起到了积极作用。

三 非农产业发展

首先，非农产业发展差异拉大了区域间农村居民收入差距。工资性收入是农村居民收入的重要组成部分，也是区域间和省际间农村居民收入差距的最重要贡献成分，高收入地区必然伴随着高工资性收入，低收入地区工资性收入所占比重则较小。农村非农产业的发展和非农就业比重的上升是农村工资性收入提高的主要原因，非农就业和农业就业的劳动报酬率有着明显的差距。Ⅳ类地区农业产业比重较大，而非农产业的发展和非农就业率远远落后于Ⅰ类地区，区域间非农产业的发展差距导致了区域农村居民收入的差距。张平（1998）认为发达地区比落后地区非农产业发展更为迅速，农村居民有更多的非农就业机会和工资回报率，从而导致了农村居民区域间收入差距。由于地区非农产业的发展与地区市场化程度相关，一般用市场化指数衡量地区非农产业的发展速度。

其次，产业结构转换水平不同拉大区域间农村居民收入差距。地区间产业结构起点不同，使得区域间产业结构调整的幅度和效果有所不同。Ⅰ类地区产业结构及其转换水平明显高于其他地区，主要表现在：第三产业崛起并获得较快速度发展，新兴产业比重较大，产业结构轻重比例合理，产业回报率较高。Ⅳ类地区产业层次低，产业结构转换缓慢，第一产业就业比重过高且生产效率低下，第三产业发展滞后，是导致区域间农村居民收入差距的重要原因。地区产业结构水平一般用农业产值和非农产值比来衡量，比值越低说明非农产业发展越迅速，农村居民非农收入水平越高。

四　政策和体制因素

首先，政策因素影响区域间农村居民收入差异。政策的不平衡性必然影响经济的不平衡性，区域经济政策的差异使得区域得到的机会与收益不一样，区域农村居民收入必然受到区域经济政策的影响。改革开放实施的区域非均衡发展战略，给了Ⅰ类地区更多的发展机会，加快Ⅰ类地区经济和农村发展的同时，缩小了Ⅳ类地区发展空间，拉开了区域间发展和收入差距。

其次，体制改革影响区域间农村居民收入差异。财政体制和物价改革增加了东南沿海地区财政收入和农村居民收入，但同时也导致了内陆地区以相对低廉的原料价格支持了沿海地区的发展，使得沿海地区农村非农产业获得较快发展，拉开了区域间非农产业发展差距。市场经济体制改革提高了各区域的市场化程度，但同时也拉开了区域间差距，沿海地区获得了更多的发展空间，市场化指数程度远远超过其他地区。Ⅰ类地区市场化程度高，在市场竞争中获得了更多利益，而其他地区由于市场化程度低，难以依靠市场力量获得经济发展的资金等要素支持，市场化程度的差异拉开了区域间农村居民收入的差异。

最后，制度因素影响区域间农村居民收入差异。非正式制度对区域间农村居民收入差异的影响主要表现在不同区域间农村居民思想观念、文化传统和创新精神的差别，低收入地区农村居民思想观念保守落后，缺乏市场竞争意识，小农思想根深蒂固，农业和农村非农产业发展缺乏创新意识，因循守旧现象较为严重；正式制度则包含土地制度、户籍制度和法律法规的区域间差异，制度的不完善增加了落后地区的农业生产和交易成本，成为落后地区农村居民收入增长的制度性障碍。

五 其他因素

吕晓英（2009）认为农村公共产品供给对农村居民收入有着重要的影响，财政支农资金、农村教育投入、社会救济资金、农村医疗以及农村电力等公共产品供给的区域差异，导致了区域农村居民收入水平的差别。牛勇平（2012）和邓菊秋（2010）认为中国区域之间农村公共产品供给存在明显差距，由东至西梯度递减，农村公共产品供给区域间不平衡导致农村居民收入水平区域差异。

康涛（2009）认为科技进步是增加农村居民收入的根本途径，是农业可持续发展的基本方式，欠发达地区由于农业生产科技落后，导致与发达地区农民收入存在差距。徐礼红（2006）认为欠发达地区农民和农业科技落后，致使科技转化为农业生产效率不高，最终影响到农民收入，与农业科技相对发达的地区出现农民收入差距。

此外，农村居民收入在一定程度上受区域经济发展水平影响，区域间经济发展水平的差异必然导致农村居民收入的差距。一方面，经济发展水平高的区域，市场化程度就高，农产品流通速度快，农业生产能够获得较高的收益；另一方面，区域经济发展水平高，则城镇化水平高，农村非农产业发展速度快，农村居民非农收入增加快；最后，区域经济发展水平高的地区，支农财政资金充裕，农业发展能够获得资金支持。

第三节 农村居民收入区域差异影响因素的实证分析

一 相关文献分析

农村居民收入区域差异影响因素的实证分析目前主要有三种研究方法，第一种方法是分析农村居民收入影响因素，如姚琼（2002）、胡兵（2005）和邹思远（2011）等，用农村居民收入作为因变量，认为理论上说影响农村居民收入的因素都会影响农村居民收入区域差距的变化，因此，从收入影响因素角度考察收入区域差距因素；第二种方法是分析农村居民收入差距影响因素，如刘荣材（2005）、唐平（2006）和熊璋琳（2010）等，用农村居民收入差距作为因变量，将区域收入差距因素和收入差距因素等同起来，认为影响农村居民收入差距的因素包括了影响农村居民收入区域差距的因素，两者息息相关；第三种方法是分析农村居民收入区域差距影响因素，如白菊红（2002）和陶应虎（2010）等，用农村居民收入区域差距的基尼系数和泰尔指数等作为因变量，分析各影响因素和农村居民收入区域差距的关系。农村居民收入区域差距是衡量不同区域间农村居民收入水平的差异，综合了农村居民收入因素和区域因素，因此，农村居民收入区域差异影响因素不能简单地等同于农村居民收入影响因素或农村居民收入差距因素，在分析中必须考虑不同区域间的差异因素，本书采用第三种分析方法即考察不同影响因素对农村居民收入区域差距的影响。

二 指标选取和数据处理

在自变量选择上，有些学者从农村居民收入来源角度分析农村居民收入区域差距影响因素，如胡文国（2004）、王计强（2009）和芮田生（2012）等将农村居民收入在四个来源基础上进一步细分，再分析哪种来源影响了农村居民收入区域差距。更多学者结合农村居民收入来源和农村居民收入影响因素以及区域差异因素选择自变量，如万广华（2005）选择了土地、劳动、资本和教育等11个变量分析，认为地理因素是收入不平等的最主要因素，资本投入是最重要因素；胡兵（2005）引入农业生产结构、农业机械总动力和有效灌溉面积等9个自变量，认为影响区域农村居民收入差距最重要的因素是各地区第二、第三产业以及由此引起的城市化发展。由于农村居民收入区域差异影响因素既包括不同收入来源因素，又包含各区域自然地理空间差异影响等，因此在自变量选择上采用大多数学者使用的多变量分析方法。

结合理论分析、定性分析和文献综述，本书选取反映农村居民收入省际间差距和区域间差距的基尼系数为因变量，选取自然地理条件等五组共16个因素进行全方位考察农村居民收入区域差异影响因素，包括自然地理区位因素、经济发展因素、农业发展政策和投入因素、农村非农经济发展因素以及农村劳动力素质等因素。

表4-1　　　　中国农村居民收入区域差异影响因素初步选取

目标层	准则层	因素层
中国农村居民收入区域差异影响因素	自然地理条件	农村人均耕地面积（千公顷/万人）x_1
		有效灌溉率 x_2
		公路交通密度（千米/平方千米）x_3
	农村经济发展	农业生产结构系数 x_4
		人均农林牧渔业总产值（万元/人）x_5
		农产品生产价格总指数 x_6
	政策与农业投入	农业国家财政支出比重（%）x_7
		单位耕地面积农业机械总动力（千瓦时/公顷）x_8
		农村固定资产投资比重（%）x_9
	非农经济发展	非农收入比重（%）x_{10}
		非农劳动力比重（%）x_{11}
		乡镇企业从业人数比重（%）x_{12}
		乡镇企业人均总产值（万元/人）x_{13}
	农村劳动力素质	初中以上文化程度劳动力比重（%）x_{14}
		农村人均医疗保健支出比重（%）x_{15}
		农村人均生活消费支出（元/人）x_{16}

时间序列数据考察1978—2011年，共34个年份，采用的数据均来源于正规的出版年鉴，包括历年的《中国统计年鉴》、《新中国六十年统计资料汇编》、《中国农村统计年鉴》、《中国农村住户调查年鉴》、《中国农产品价格调查年鉴》、《中国财政年鉴》、《中国乡镇企业及农产品加工业年鉴》以及分省的统计年鉴等。由于不同指标的量纲不同，为了消除或减弱样本数据噪声干扰而呈现的不规则波动，对样本数据采用进行了标准化处理。为了把标准化数据压缩到[0，1]区间，采用极值标准化即归一化处理①，其公式为：$X = \dfrac{(X' - X'_{min})}{(X'_{max} - X'_{min})}$，式中 X 为数据标准化值，X' 为原始数据值，X'_{min} 为原始数据最小值，X'_{max} 为原始数据最大值。最后，将归一化后的数据作为影响因素分析的基础数据样本。

---

① 参考钱力、李泉、聂华林《基于聚类分析法对甘肃农村居民收入区域类型划分》，《干旱区资源与环境》2013年第5期。

表 4-2 相关系数矩阵

	Y	X_1	X_2	X_3	X_4	X_5	X_6	X_7	X_8	X_9	X_{10}	X_{11}	X_{12}	X_{13}	X_{14}	X_{15}	X_{16}
Y	1.00																
X_1	0.61	1.00															
X_2	0.79	0.88	1.00														
X_3	0.57	0.81	0.90	1.00													
X_4	−0.96	−0.73	−0.89	−0.72	1.00												
X_5	0.60	0.83	0.92	0.94	−0.74	1.00											
X_6	0.82	0.79	0.92	0.83	−0.87	0.92	1.00										
X_7	−0.67	−0.40	−0.43	−0.26	0.63	−0.23	−0.38	1.00									
X_8	0.76	0.80	0.96	0.94	−0.87	0.95	0.93	−0.40	1.00								
X_9	−0.73	−0.87	−0.96	−0.88	0.84	−0.89	−0.88	0.37	−0.91	1.00							
X_{10}	−0.13	0.45	0.27	0.36	0.00	0.32	0.14	0.29	0.19	−0.43	1.00						
X_{11}	0.93	0.73	0.88	0.73	−0.93	0.80	0.95	−0.52	0.87	−0.84	0.00	1.00					
X_{12}	0.90	0.75	0.90	0.81	−0.94	0.85	0.93	−0.56	0.94	−0.84	−0.01	0.95	1.00				
X_{13}	0.63	0.87	0.94	0.96	−0.76	0.99	0.91	−0.27	0.97	−0.92	0.35	0.80	0.86	1.00			
X_{14}	0.91	0.85	0.96	0.81	−0.97	0.83	0.92	−0.58	0.92	−0.91	0.12	0.95	0.95	0.86	1.00		
X_{15}	0.78	0.89	0.98	0.91	−0.90	0.91	0.90	−0.46	0.97	−0.93	0.28	0.86	0.91	0.94	0.95	1.00	
X_{16}	0.69	0.87	0.95	0.95	−0.80	0.99	0.94	−0.31	0.97	−0.92	0.30	0.85	0.90	0.99	0.89	0.95	1.00

资料来源:根据 SPSS19.1 对相关指标标准化后的数据进行相关分析后整理而得。

经济系统中的各要素之间是相互交错依存，很难完全独立，自变量样本过多容易产生多重共线性，影响分析的稳定性和准确性，需要对自变量进行筛选，采用相关性分析精简自变量间高度相关的自变量以及与因变量相关度很低的自变量。相关系数大于0.8以上，说明变量间有很强的相关性，选取因变量Y与自变量X的相关系数大于0.75的共8个自变量，结合自变量与因变量相关性排序再依据自变量相关性两两比较后排除了X_{12}和X_{15}，通过变量相关性分析，最终保留了X_2、X_4、X_6、X_8、X_{11}和X_{14}共6个自变量，正好能够在影响因素指标的5个准则层都得到反映。

三 模型构建与实证分析

（一）模型构建

采用选取的自变量和因变量，建立农村居民收入区域差距影响因素线性回归模型，设定如下：

$$Y_t = \beta_0 + \sum_{i=1}^{6} \beta_i \cdot X_{it} + \mu_t \tag{4.1}$$

（4.1）式中，Y_t为t（$t=1978, \cdots, 2011$）年农村居民收入省际间差距基尼系数或者为农村居民收入区域间差距基尼系数，X_{it}为筛选后的t年i（$i=1, 2, \cdots, 6$）影响因素数值，[①] β_0和β_i为待估参数，μ_t为随机误差项。

唐平（2006）基于农村住户调查资料，利用基尼系数分解方法和泰尔指数分解方法，从农村居民收入来源角度探讨了中国农村居民地区间收入差距影响因素；周红利（2007）在对中国农村居民地区间收入差距测算及收入来源分解的基础上，采取逐步回归分析方法，逐个引入自变量，分别考察各自变量对地区间农村居民收入差距的影响情况；李春林（2009）分组分析了农村居民收入区域差距影响因素，将全国地区划分为5个组，分别分析各组之间及组内农村居民收入区域差距影响因素，找出不同组别影响因素的差异性和共同性；陶应虎（2010）计算出中国农村居民收入区域差距的基尼系数和泰尔指数，分析各影响因素和农民收入区域差距的关系。由于本书分析的是中国农村居民收入区域间差异，既包括各分组区域之间的收入差异，又包括省际间收入差异，因此，分别分析农村居民收入区域间差异影响因素和农村居民收入省际间差异影响因素，考

[①] 为了便于分析，将相关性分析筛选出来的6个自变量X_2、X_4、X_6、X_8、X_{11}、X_{14}进行重新编号为X_i（$i=1, 2, \cdots, 6$）。

察它们的异同点，限于篇幅，在此对各区域内部农民收入差异影响因素不再进行深入对比分析。

（二）省际间农村居民收入差异影响因素分析

首先，单位根检验。为了避免伪回归现象的产生，在影响因素分析之前，需要对变量样本数据进行数据稳定性检验，常用的方法是进行单位根检验。采用 ADF 单位根检验法对 Y、X_1、X_2、X_3、X_4、X_5 和 X_6 共 7 个变量进行平稳性检验。结果表明原变量除了 X_2 以外都是非平稳时间序列；进行一阶差分后发现除了 ΔX_3 在 1% 临界值下尚不平稳以外，其他变量的一阶差分均平稳，但在 5% 临界值下所有变量一阶差分均呈现出平稳性，达到一阶单整序列即遵循 I（1）单位根过程，具有相同的单整阶数。因此，所选变量可能存在长期稳定关系，满足了协整检验前提，可以用协整分析。

表 4-3　　　　　　　　各变量 ADF 单位根检验结果

变量	检验类型（c, t, n）	ADF 检验值	1% 临界值	5% 临界值	AIC 准则	平稳性
Y	（c, 0, 0）	-1.49	-3.65	-2.95	-2.36	否
X_1	（c, t, 0）	-1.80	-4.26	-3.55	-3.43	否
X_2	（0, 0, 2）	-3.62	-2.64	-1.95	-2.83	是
X_3	（c, t, 6）	-3.58	-4.34	-3.59	-3.57	否
X_4	（0, 0, 0）	6.08	-2.64	-1.95	-4.08	否
X_5	（c, t, 8）	-2.69	-4.37	-3.60	-4.16	否
X_6	（c, 0, 0）	-0.97	-3.65	-2.95	-4.73	否
Δy	（0, 0, 0）	-4.28	-2.64	-1.95	-2.31	是
ΔX_1	（c, t, 0）	-6.55	-4.27	-3.56	-3.34	是
ΔX_2	（c, t, 1）	-6.21	-4.28	-3.56	-2.76	是
ΔX_3	（c, 0, 3）	-3.43	-3.68	-2.97	-3.30	是
ΔX_4	（c, t, 0）	-5.30	-4.27	-3.56	-3.97	是
ΔX_5	（0, 0, 0）	-3.83	-2.64	-1.95	-2.57	是
ΔX_6	（c, 0, 0）	-4.91	-3.65	-2.96	-4.69	是

注：Δ 表示原序列的一阶差分序列，c、t、n 分别表示截距项、趋势项和滞后期长度，根据 AIC 标准确定滞后期，AIC 值越小越好。

其次，协整检验。单位根检验仅仅是针对变量的数据平稳性检验，但变量之间是否存在长期均衡关系需要进一步进行协整检验。由于涉及多个时间序列变量协整关系检验，运用协整检验中的 Johansen 法，分析变量之间是否存在长期均衡关系。

用 Johansen 法建立的 VAR 模型对滞后期比较敏感，适当增加滞后期长度可以在一定程度上消除误差项中的自相关，但滞后期长度过大会影响自由度减小，不同滞后期对结果产生很大影响，需要用 AIC 和 SC 准则对滞后期进行选择。从 VAR 模型滞后期选择情况看，滞后期为 3 的时候 AIC 值最小。由于协整检验模型滞后期为无约束 VAR 模型一阶差分变量滞后期，无约束 VAR 模型滞后期为 3，因此确定协整检验模型滞后期为 2。选择有截距项而不带趋势项的 Johansen 法进行协整检验。

表 4-4　　　　　　　　VAR 模型的最佳滞后期选择

Lag	LogL	LR	FPE	AIC	SC	HQ
0	215.173	NA	0.000	-13.430	-13.107	-13.325
1	451.648	350.899	0.000	-25.526	-22.935*	-24.681
2	498.415	48.275	0.000	-25.382	-20.525	-23.798
3	614.008	67.119	0.000*	-29.678*	-22.554	-27.356*

注：*表示所选择的标准滞后阶数，AIC、SC 和 HQ 为选择的准则。

表 4-5　　　　　　　　Johansen 协整检验结果

特征根	迹统计量 统计值	迹统计量 5%临界值	最大特征根统计量 统计值	最大特征根统计量 5%临界值	原假设
0.96	337.36*	134.68	100.63*	47.08	无
0.92	236.73*	103.85	78.94*	40.96	至多一个
0.86	157.80*	76.97	60.99*	34.81	至多两个
0.74	96.81*	54.08	41.41*	28.59	至多三个
0.65	55.40*	35.19	32.90*	22.30	至多四个
0.36	22.50*	20.26	13.60	15.89	至多五个
0.25	8.90	9.16	8.90	9.16	至多六个

注：*表示在 5%显著水平下拒绝原假设。

从协整检验结果看，迹统计检验显示存在 6 个协整方程，最大特征检验显示存在 5 个协整方程，即变量之间存在稳定的长期均衡关系。运用标准化协整向量表达式，写出方程的协整关系式为：

$$Y = 6.370 + 6.240X_1 - 7.465X_2 + 3.113X_3 - 2.068X_4$$
$$(0.431)\ (0.465)\ (0.487)\ (0.540)\ (0.306)$$
$$-0.370X_5 - 10.795X_6 \tag{4.2}$$
$$(0.388)\ (0.773)$$

（4.2）式中括号内为标准差，LR 对数似然值为 495.642。协整方程式反映了时序变量之间的长期均衡关系，有效灌溉率 X_1 和农产品生产价格总指数 X_3 与省际间农村居民收入差距基尼系数 Y 呈现同向关系，而农业生产结构系数 X_2、单位耕地面积农业机械总动力 X_4、农村非农劳动力比重 X_5 和农村初中以上文化劳动力比重 X_6 与省际间农村居民收入差距基尼系数 Y 呈反向关系。

最后，结论分析。通过对样本数据的单位根检验得出各变量具有相同的单整阶数，时序变量数据是平稳的。协整检验得出变量之间存在长期均衡关系，通过标准化的协整方程可以看出各自变量与因变量之间的关系以及影响程度，排除正负方向按照影响力依次排序为：农村初中以上文化劳动力比重、农业生产结构系数、有效灌溉率、农产品生产价格总指数、单位耕地面积农业机械总动力和农村非农劳动力比重，即农村劳动者素质和农业生产结构是省际间农村居民收入差距的主要影响因素。

有效灌溉率（X_1）。有效灌溉率是有效灌溉面积占农作物总播种面积比重，衡量的是一个地区农业生产的水资源灌溉情况。有效灌溉率同省际间农村居民收入差距基尼系数呈现同方向关系，即说明农业灌溉程度是拉开省际间农村居民收入差距的重要因素。农业生产有着很大的地域自然环境特殊性，特别是受到水资源影响较大，故灌溉率变化 1% 引起省际间基尼系数变化 6.240%。不同省际之间水资源分布不同，一些水资源丰富的省份农业生产条件较好，农村居民收入水平较高，而一些干旱少雨的省份农业生产严重缺水，产量低下，农村居民收入水平较低。因此，水资源是影响农业生产的一个很重要因素，也是拉开省际间农村居民收入水平的重要因素。

农业生产结构系数（X_2）。农业生产结构是农业生产中各个产业在农业中所占比重情况，由于粮食作物投资收益率要低于经济作物以及一些林牧业收益率，所以一般认为农业生产结构中种植业比重不宜偏高，农业生产结构优化的方向就是提高收益率高的农业产业比重。这里用种植业所占农业比重来衡量农业生产结构系数,其值越低在一定程度上越说明了农业生产投资回报率越高。从协整方程看,农业生产结构系数与省际间农村居民收入差距基尼系数呈反向关系,即农业生产结构系数变动1%带来基尼系数反向变动7.465%,种植业在农业中的比重越高带来省际间农村居民收入差距基尼系数越小,即农业生产中的非种植业比重越高农村居民收入差距越大,这也说明了农业生产投资回报率高的农业产业比重增加拉大了省际间农村居民收入差距。

农产品生产价格总指数(X_3)。农产品生产价格指数反映的是生产者出售农产品价格波动情况的相对数,反映了农产品生产价格和结构变动情况。农产品生产价格总指数与省际间农村居民收入差距基尼系数呈同方向变动,价格指数变化1%带来基尼系数变化3.113%,即价格指数相对数增加会引起收入差距扩大。农产品出售价格越高,所带来的省际间农村居民收入差距就越大。

单位耕地面积农业机械总动力(X_4)。农业机械总动力反映了农业生产现代化程度,农业机械总动力与省际间农村居民收入差距基尼系数呈反方向变化,即农业机械总动力变化1%带来基尼系数反方向变化2.068%。农业生产的机械化程度越高代表农业生产效率越高,农村居民收入水平增加越快,省际间农村居民收入差距就越小。

农村非农劳动力比重(X_5)。非农劳动力比重是衡量农村非农产业发展的一个重要指标,非农产业收入在农村居民收入中的比重越来越高,逐渐成为农村居民收入的主要来源。农村非农劳动力比重变化1%引起省际间农村居民收入差距基尼系数反方向变化0.370%,即农村非农劳动力比重越大则农村居民收入省际间差距就越小,源于非农收入增加了农村居民收入,缩小了省际间农村居民收入差距。

农村初中以上文化劳动力比重(X_6)。劳动力素质包括身体素质和科学文化素质两个方面,农村劳动力的文化程度对农村居民收入有重要的影响。初中以上文化劳动力比重变化1%带来省际间农村居民收入反方向变化10.795%,即农村居民文化程度越高则省际间农村居民收入差距就越小。农村居民文化程度对省际间基尼系数影响是6个要素中影响力最大的一个,说明农村劳动力的文化程度不仅对农村居民收入有重要积极的影响,而且对缩小省际间农村居民收入差距也有着重要的意义。

(三) 区域间农村居民收入差异影响因素分析

首先，单位根检验。由于区域间农村居民收入差异影响因素即自变量与省际间一致，故在此只需要对农村居民收入区域间差异的基尼系数进行 ADF 平稳性检验。

对农村居民收入区域间差异基尼系数 y 原序列进行 ADF 检验，依据 AIC 最小化准则，采用检验形式 $(c, 0, 5)$ 即含有截距项、不含时间趋势项和滞后阶数为 5，检验结果如下：

表 4-6　区域间差异基尼系数 y 原序列 ADF 检验结果

ADF test statistic	-2.92499	1% level	-3.67017
		5% level	-2.96397
		10% level	-2.62101

从检验结果看，ADF 检验统计量的值为 -2.92499，虽然比 10% 临界值略小一点，但比 1% 和 5% 临界值都大，不能说明其具有很好的稳定性，即 y 原序列是不平稳的，需要对其进行一阶差分序列 ADF 检验，依然采用 AIC 最小化准则，检验形式为 $(0, 0, 0)$，即不含有截距项、不含时间趋势项且滞后阶数为 0，检验结果如下：

表 4-7　区域间差异基尼系数 y 一阶差分序列 ADF 检验结果

ADF test statistic	-3.85577	1% level	-2.63921
		5% level	-1.95169
		10% level	-1.61058

从检验结果看，ADF 检验统计量的值为 -3.85577，小于 1% 临界值，说明 Δy 具有很好的平稳性，满足 I(1) 单位根过程，与其他自变量均满足一阶单整，具有相同的单整阶数，可能有长期的稳定关系，满足了协整检验前提，可以用协整分析。

其次，协整检验。用 Johansen 法对各变量之间是否存在长期均衡关系进行检验，依据 AIC 和 SC 准则，结合协整模型与无约束 VAR 模型相互关系，最终确定协整检验模型滞后期为 2，且选择有截距项而不带趋势项的 Johansen 法进行协整检验。

表 4-8　　　　　　　　VAR 模型的最佳滞后期选择

Lag	LogL	LR	FPE	AIC	SC	HQ
0	230.433	NA	0.000	-14.415	-14.091	-14.309
1	461.432	342.772	0.000	-26.157	-23.566	-25.312
2	520.694	61.174	0.000	-26.819	-21.962	-25.236
3	673.337	88.632	0.000	-33.506*	-26.382*	-31.184*

注：*表示所选择的标准滞后阶数，AIC、SC 和 HQ 为选择的准则。

表 4-9　　　　　　　　Johansen 协整检验结果

特征根	迹统计量 统计值	迹统计量 5%临界值	最大特征根统计量 统计值	最大特征根统计量 5%临界值	零假设
1.00	414.38*	134.68	196.50*	47.08	无
0.89	217.88*	103.85	67.38*	40.96	至多一个
0.84	150.50*	76.97	56.66*	34.81	至多两个
0.76	93.84*	54.08	44.28*	28.59	至多三个
0.56	49.56*	35.19	25.21*	22.30	至多四个
0.35	24.35*	20.26	13.35	15.89	至多五个
0.30	11.00*	9.16	11.00*	9.16	至多六个

注：*表示在5%显著水平下拒绝原假设。

从协整检验结果看，迹统计检验显示存在 7 个协整方程，最大特征检验显示存在 6 个协整方程，即变量之间存在稳定的长期均衡关系。运用标准化协整向量表达式，写出方程的协整关系式为：

$$Y = 0.347 - 1.150X_1 - 0.386X_2 + 0.734X_3 - 0.611X_4$$
$$(0.018)\ (0.020)\ (0.021)\ (0.019)\ (0.009)$$
$$- 0.253X_5 + 1.578X_6 \qquad (4.3)$$
$$(0.014)\ \ (0.034)$$

(4.3) 式中括号内为标准差，LR 对数似然值为 564.382。协整方程式反映了时序变量之间的长期均衡关系，有效灌溉率 X_1、农业生产结构系数 X_2、单位耕地面积农业机械总动力 X_4 和农村非农劳动力比重 X_5 与区域间农村居民收入差距基尼系数 Y 呈反向关系，而农产品生产价格总指数 X_3 和农村初中以上文化劳动力比重 X_6 与区域间农村居民收入差距基尼系数 Y 呈同向关系。

最后，结论分析。区域间农村居民收入差距各影响因素与区域间农村居民收入基尼系数通过 ADF 检验呈现出同阶平稳性，协整检验又显示出变量间有长期的均衡关系。不考虑正负影响的情况下，区域间农村居民收入差距影响因素按照系数绝对值依次排序为：农村初中以上文化劳动力比重、有效灌溉率、农产品生产价格总指数、单位耕地面积农业机械总动力、农业生产结构系数和农村非农劳动力比重，即劳动者素质和农业灌溉情况是区域间农村居民收入差距的主要影响因素。

四　简单结论

在建立农村居民收入差距影响因素指标体系的基础上，通过相关性分析筛选出 6 个因素对农村居民收入差距影响因素进行分析，通过 ADF 检验变量的平稳性以及运用 Johansen 协整分析法检验各变量间的长期均衡关系，最后得出标准化的协整方程，对比分析可以看出，省际间和区际间农村居民收入差异影响因素分析结论符合区域收入差距理论和个人收入差距理论相关观点：其一，农村劳动者素质或教育水平是最重要影响因素的结论符合地域差异论中提出的人力资本和劳动者素质越来越成为影响地区收入差距的重要因素，也符合个人收入差距理论提出的人力资本和教育是影响个人收入的重要内生因素观点；其二，农业有效灌溉率属于自然地理条件，符合地域差异论提出的自然地理条件是影响地区间收入差距的重要因素，但其重要性随着工业化的推进正逐步降低。这就说明本书对农村居民收入区域差异影响因素分析的结论符合农村居民收入区域差异相关理论，分析的结论能与理论相互支撑。同时，在省际间和区域间农村居民收入差异影响因素分析中，不同影响因素在影响方向上、影响程度上以及主要影响因素排序上略有不同。

首先，从影响的方向上看。在区域间农村居民收入差距影响因素标准化协整方程中，X_1、X_2、X_4 和 X_5 与 Y 呈反方向变化，即这些因素的提升会带来区域间农村居民收入差距缩小。与省际间农村居民收入差距影响因素不同的是 X_1 即有效灌溉率，有效灌溉率对省际间农村居民收入差距是同方向影响即有效灌溉率越高导致省际间农村居民收入差距越大，主要源于省际间农业生产水资源的分布差异性较大。而有效灌溉率与区域间农村居民收入差距是反方向关系，即灌溉率越高带来区域间农村居民收入差距越小，主要原因可能是区域间比省际间水资源相对均匀化。可能区域内某个省份水资源相对稀缺，但是区域内若干个省份相互连接成一个整体后，水资源布局情况可能得到一定均衡化，故提高农业生产灌溉率有利于缩小区域间农村居民收入差距。此外，在区域间农村居民收入差距影响因素标准化协整方程中，X_3 和 X_6 与 Y 呈现同方向变化，即 X_3 和 X_6 的提升会带来收入差距的扩大。这里不同的是 X_6 即农村初中以上文化劳动力比重对省际间与区域间农村居民收入差距影响方向相异，对省际间农村居民收入差距呈现缩小作用，而对区域间农村居民收入差距表现出扩大作用，即农村居民文化素质的提高会在一定程度上扩大区域间农村居民收入差距，原因可能是区域化扩大了文化差异性对农村居民收入的影响，比如高收入地区农村居民文化素质要远远高于低收入地区，劳动者文化素质的区域差异成为区域间农村居民收入差距扩大的一个重要因素。

其次，从影响的程度上看。通过对比省际间与区域间农村居民收入差距影响因素的两个标准化协整方程系数可以发现，第二个方程比第一个方程各因素系数明显减小了，第一个方程变量系数除了 X_5 系数以外其余均大于 1，说明各因素对省际间农村居民收入差距影响程度较大。而第二个方程各变量系数普遍较小，除了 X_1 和 X_6 略大于 1 以外，其余变量系数均小于 1，说明各因素对区域间农村居民收入差距影响程度要小于对省际间农村居民收入差距的影响程度。主要原因一方面可能是区域间农村居民收入差距基尼系数值要小于省际间，区域间差距要小于省际间差距；另一方面原因可能是区域化减小了各因素的影响程度，缩小了个体差异性。

最后，从影响因素排序上看。不考虑系数的正负性，依据两个协整方程变量的系数绝对值排序情况，省际间排序为：$X_6 > X_2 > X_1 > X_3 > X_4 > X_5$，即农村劳动者素质和农业生产结构是省际间农村居民收入差距的主要影响因素；区域间排序为：$X_6 > X_1 > X_3 > X_4 > X_2 > X_5$，即劳动者素质和农业灌溉情况是区域间农村居民收入差距的主要影响因素。省际间和区域间农村居民收入差距影响因素排序大致相似，主要因素都为劳动者素质、农业灌溉水平和农业生产结构，突出了农业生产主体、农业生产资源和农业产业结构的重要性。

第五章　中国农村居民收入区域差异发展趋势

收入差距趋势理论主要有新古典收入分配理论和库兹涅茨倒"U"形理论，除此之外，回波扩散效应理论和收入再分配理论中均有收入差距趋势变化思想。新古典收入分配理论认为如果区域间是相互开放的，在边际收益递减规律下，要素在区域间流动能够自动修复区域间收入不平衡，使区域收入趋于均衡；库兹涅茨倒"U"形理论以及刘易斯二元结构理论和威廉姆森的区域经济差异倒"U"形理论均指出收入差距发展趋势呈现出先扩大后缩小趋势，即在经济增长初期，随着储蓄积累和非农收入比重的增加等而导致收入差距不断扩大，经济增长到一定阶段后，由于政府调节、人口流动以及新兴技术产业发展等而使收入差距开始缩小；回波扩散效应理论认为在经济增长初期回波效应导致地区收入差距越来越大，而随着发达地区经济增长到一定程度后，扩散效应带动了落后地区发展，缩小了地区间收入差距；收入再分配理论则主张政府进行税收、财政转移以及完善社会保障等方法缩小收入差距。上述收入差距趋势理论基本思想都是收入差距长期趋势是先扩大后缩小，但也有一些趋势理论如新剑桥学派关于经济增长与收入差距趋势理论、内生增长理论基于人力资本与收入差距趋势理论以及非均衡增长理论关于收入差距自我强化的观点等均认为收入差距并不会趋于缩小而是不断扩大。为了探究农村居民收入区域差异发展趋势是遵循先扩大后缩小趋势还是持续扩大趋势，有必要对其未来趋势进行预测，同时也为了验证本书的理论假说。

第一节　文献分析和必要性研究

中国农村居民收入区域间差异包括省际间差异和区际间差异，从基尼系数变化情况看，虽然区际间基尼系数长期位于省际间基尼系数下方，但两者的总体发展趋势表现出大体一致性，即1978—1995年基尼系数呈现快速上升趋势，年均增长率达到0.05左右；1996年以后开始出现周期性波动，即大致以4—5年为一个周期呈现上升和下降交错趋势，且2006年以后有着很明显的向下压的趋势。农村居民收入区域间差异未来发展会不会继续呈现出下行趋势，遵循倒"U"形曲线最高点后期向下弯曲呢？这个问题的探索需要对农村居民收入区域差异发展趋势进行预测，采用一个科学合理的预测方法至关重要。

目前，一些学者对收入及差距发展趋势问题进行了探索性的尝试，如李云峨和周云波（2007）用指数平滑法和ARMA模型对城乡收入差距进行了10年趋势预测，认为在现有政策保持不变的情况下，城乡收入差距可能在2009年达到顶峰然后开始缩小，长期来看城乡收入差距会趋于缩小；杨竹莘（2007）利用灰色系统GM（1，1）模型对中国收入分配差距进行预测，结果显示2010年基尼系数可能接近0.5，收入分配差距依然会呈扩大趋势，但幅度会平稳缓慢；张俊霞（2010）运用主成分回归预测方法对居民收入分配差距进行了预测，认为2008—2015年居民收入分配差距仍然会继续扩大，考虑到实际分配中的一些不确定因素，实际差距可能比预测结果还要严重；此外，还有靳贞来（2006）和张菲（2010）采用联立方程模型对城乡居民收入差距进行预测，毛文晋（2006）、杨秀花（2010）和杨伟锋（2011）采用趋势外推法对城乡居民收入差距进行预测，以及张丽（2006）和许红（2009）采用增长率推算法对农民收入进行预测等。

可以看出，虽然一些学者对收入和差距趋势预测问题进行了一些研究，也取得了显著的成果，但研究领域主要集中在城乡居民收入差距预测和居民收入总体差距预测上，涉及农村居民收入差距或者区域间收入差距预测的文献几乎空白；在预测方法上，主要采用ARMA模型、指数平滑法和灰色GM（1，1）模型预测等，但不同方法大相径庭，缺乏严格筛选和界定，导致预测结果存在很大偏差。本书主要运用二次指数平滑法和ARMA模型分别对省际间和区际间农村居民收入差异趋势进行预测，以观察区域间农村居民收入差异未来发展趋势。

第二节 预测方法的选择

一 二次指数平滑法

指数平滑法是时间序列预测中使用较为普遍的一种方法,通过对过去值和当前值的加权平均以及权数调整消除数据的摇摆影响,得到平滑的时序预测值。根据平滑次数不同,可分为单指数平滑、二次指数平滑和多参数平滑等,其中二次指数平滑法比较适合带有线性趋势且周期性表现又不是很明显的时序,对于预测农村居民收入区域差异趋势较适用。

二次指数平滑法的预测模型:

$$F_{t+k} = a_t + b_t K$$
$$a_t = 2S_t^{(1)} - S_t^{(2)}$$
$$b_t = \frac{a}{1-a} \cdot (S_t^{(1)} - S_t^{(2)}) \tag{5.1}$$

(5.1)式中,F_{t+k} 为 $t+k$ 期预测值,k 为未来预测的期数,a_t 和 b_t 为模型参数,$S_t^{(1)}$ 和 $S_t^{(2)}$ 分别为第 t 期的一次和二次指数平滑值,公式为:

一次指数平滑值:$S_t^{(1)} = aY_t + (1-a)S_{t-1}^{(1)}$

二次指数平滑值:$S_t^{(2)} = aS_t^{(1)} + (1-a)S_{t-1}^{(2)}$ (5.2)

(5.2)式中,$S_t^{(1)}$ 和 $S_t^{(2)}$ 分别为 t 期一次和二次指数平滑值,a 为平滑系数,取值一般在 0.1—1 之间,Y_t 为实际值,$S_{t-1}^{(1)}$ 和 $S_{t-1}^{(2)}$ 分别为 $t-1$ 期一次和二次指数平滑值,初始值一般取时序数列前三项简单平均数,即 $S_1 = (Y_1 + Y_2 + Y_3)/3$。

二 ARMA 模型

ARMA 模型在时序数列预测中精确度较高,将因变量相对它的滞后值及误差项和它的滞后值建立模型,把随时间推移的时序数列看作随机序列,体现原始时序数据在时间上的延续,既有自身变动规律,又受外部因素影响。ARMA 模型由自回归模型 AR 和滑动平均模型 MR 组合而成,ARMA(p, q) S 模型公式如下:

$$y_t = \alpha_1 y_{t-1} + \alpha_2 y_{t-2} + \cdots + \alpha_p y_{t-p} + \varepsilon_t - \delta_1 \varepsilon_{t-1} - \delta_2 \varepsilon_{t-2} - \cdots - \delta_q \varepsilon_{t-q} \tag{5.3}$$

(5.3)式中,y_t 为时间序列,p 和 q 分别为自回归和移动平均阶数,根据偏自相关函数图和相关函数图截尾阶数确定,α_i 和 δ_j 分别为自回归和移动平均参数，y_{t-i} 和 ε_{t-j} 分别为时间序列 y_t 和随机误差项 ε_t 的滞后项。ARMA 模型预测适合平稳时间序列预测，如果原序列不平稳，经过 d 阶差分以后变为平稳序列，则模型为 ARMA (p, d, q)，d 为 y_t 的单整阶数。

第三节 农村居民收入区域差异趋势的预测

一 利用二次指数平滑法进行预测

（一）对农村居民收入省际间差异的预测

省际间基尼系数从 1978—2011 年共 34 年样本，初始值对后期预测值影响并不是很大，考虑初始数据平稳性，对初始值取农村居民收入省际间差异基尼系数前三项的简单平均数，即 $S_0^{(1)} = S_0^{(2)} = (0.140 + 0.139 + 0.137)/3 = 0.139$。结合样本容量和预测误差值最小化原则，经过反复测算，最终确定平滑系数 a 为 0.5，此时平均预测误差率为 0.018，小于 a 为其他取值时的误差。通过对 a_t 和 b_t 的计算，可以得出二次指数平滑预测模型公式为：$F_{t+k} = 0.205 - 0.003k$，根据模型公式对 2012—2015 年省际间农村居民收入差异的基尼系数预测如下：

表 5-1　2012—2015 年省际间农村居民收入差异基尼系数预测值

年份	2012	2013	2014	2015
基尼系数	0.202	0.200	0.197	0.194

注：平滑系数 $a = 0.5$，二次指数平滑预测模型为 $F_{t+k} = 0.205 - 0.003k$。

资料来源：根据《中国统计年鉴》和《中国农村统计年鉴》相关数据计算整理。

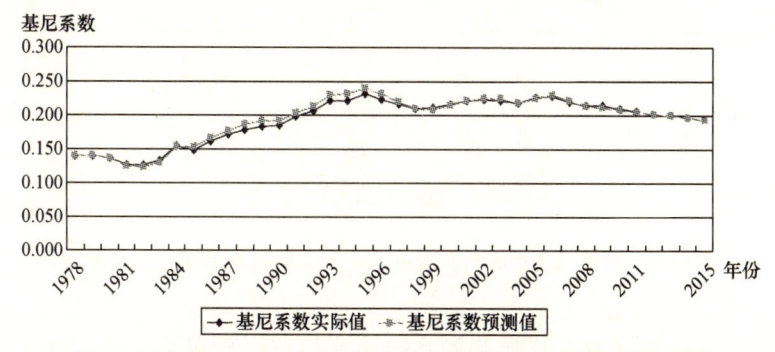

图 5-1　省际间农民收入差异基尼系数实际值与预测值拟合情况

注：基尼系数实际值为 1978—2011 年，预测值为 1978—2015 年。

资料来源：根据《中国农村统计年鉴》和《新中国六十年统计资料汇编》相关资料计算绘制。

通过对预测值的分析可以看出，2012—2015年省际间农村居民收入差异基尼系数继续保持缓慢下降趋势，与2006年以后基尼系数发展趋势有一致性。对基尼系数实际值与预测值比较发现，预测值对实际值的拟合程度较好，两者变化趋势基本一致，且2000年以后曲线基本重合，可以推断对2012—2015年基尼系数值预测是合理的。

（二）对农村居民收入区际间差异的预测

利用二次指数平滑法预测区际间农村居民收入差异基尼系数，在初始值的选取上也采取前三项的简单平均数，即 $S_0^{(1)} = S_0^{(2)} = (0.072 + 0.092 + 0.085)/3 = 0.083$。平滑系数 a 为 0.5，此时平均预测误差率最小为 0.025，小于 a 为其他取值时的误差。通过对 a_t 和 b_t 的计算，可以得出二次指数平滑预测模型公式为：$F_{t+k} = 0.193 - 0.003k$，根据模型公式对 2012—2015 年区际间农村居民收入差异的基尼系数预测如下：

表5-2　2012—2015年区际间农村居民收入差异基尼系数预测值

年份	2012	2013	2014	2015
基尼系数	0.190	0.187	0.184	0.180

注：平滑系数 $a = 0.5$，二次指数平滑预测模型为 $F_{t+k} = 0.193 - 0.003k$。
资料来源：根据《中国统计年鉴》和《中国农村统计年鉴》相关数据计算整理。

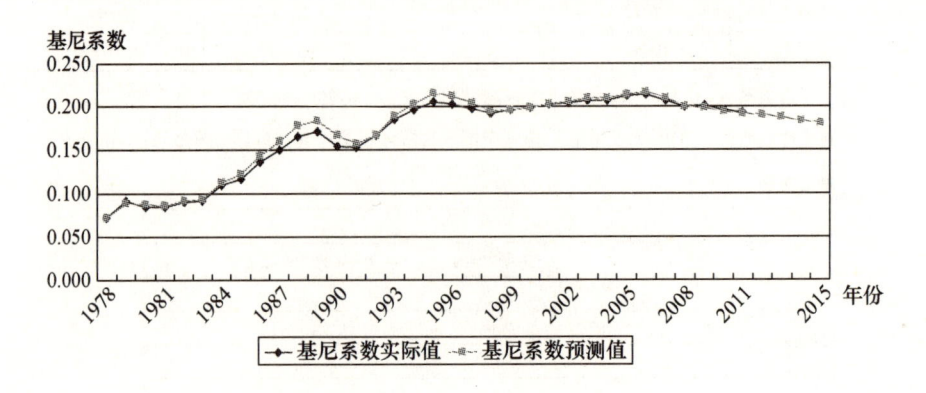

图5-2　区际间农民收入差异基尼系数实际值与预测值拟合情况

从区际间农民收入差异基尼系数预测值可以看出，2012—2015年基尼系数呈现缓慢下降趋势，这与2006年以后基尼系数发展趋势一致。对基尼系数实际值与预测值比较发现，预测值对实际值的拟合程度较好，两者变化发展趋势基本一致,且 2000 年以后曲线基本重合,因此推断对 2012—2015 年基尼系数值预测是合理的。

二 利用 ARMA 模型进行预测

(一) 对农村居民收入省际间差异的预测

首先对省际间农村居民收入差距基尼系数时间序列进行平稳性检验,运用单位根检验得出 ADF 检验值大于 1% 或 5% 临界值,即原序列是不平稳序列,进行一阶差分后发现一阶差分序列平稳,即一阶差分序列可以进行 ARMA 建模。通过一阶差分序列的自相关和偏自相关图可以发现,自相关系数很快落入随机区间,说明一阶差分序列是平稳的。观察自相关图发现自相关系数在滞后阶数 1 和 2 处与 0 差异较大,因此考虑 $q=0$ 或 1;偏自相关图显示偏自相关系数在滞后阶数 1、2、3、4 处与 0 差异较大,因此考虑 $p=0$、1、2、3。通过对 $p=0$、1、2、3 和 $q=0$、1 时的 ARMA (p, 1, q) 模型的分别估算,发现 ARMA(2, 1, 1) 模型各项检验指标最合适,AIC 和 SC 值最小,R^2 值最大,因此决定采用更为平稳的 ARMA (2, 1, 1) 模型进行预测。运用 Eviews 对模型参数进行估计,得到模型表达式:

$$Dy_t = -0.3975Dy_{t-1} + 0.3577Dy_{t-2} + \varepsilon_t + 0.6752\varepsilon_{t-1}$$
$$(-1.3068) \quad (2.0584) \quad (2.3654)$$
$$R^2 = 0.3024 \quad DW = 2.0599 \quad AIC = -6.7821$$

模型参数估计量能够通过 t 检验,全部特征根的倒数在单位圆内,残差序列通过 Q 检验,说明模型能够进行预测。为了检验模型的预测效果,用模型对 2008—2011 年省际间农村居民收入差距基尼系数进行预测,比较预测值与实际值误差百分比均小于 5%,说明拟合效果较好,预测较精确,可以用 ARMA (2, 1, 1) 模型对 2012—2015 年省际间农村居民收入差异进行预测。

表 5-3　　　　　省际间农村居民收入差异基尼系数预测情况

年份	2008	2009	2010	2011	2012	2013	2014	2015
实际值	0.214	0.215	0.210	0.206				
预测值	0.217	0.216	0.211	0.209	0.204	0.203	0.202	0.202
误差百分比	1.205	0.597	0.428	1.515				

注:误差百分比 = (实际值 - 预测值)/实际值 × 100%。

从预测情况看，2012—2015年省际间农村居民收入差异基尼系数呈现出缓慢递减趋势，说明收入差距在未来4年内将逐渐缩小，与2006年以来基尼系数的变化趋势总体一致。

（二）对农村居民收入区际间差异的预测

对1978—2011年区际间农村居民收入差异基尼系数进行单位根检验，发现原序列有单位根即不平稳，故进行一阶差分后再进行ADF检验，ADF值显著小于1%或5%临界值，说明一阶差分序列平稳，可以用一阶差分序列进行ARMA建模。在自相关图和偏相关图中可以看出，原序列相关系数较慢的衰退为零，即原序列是非平稳序列，而一阶差分序列自相关系数很快落入随机区间，即一阶差分序列为平稳序列。从一阶差分的自相关系数AC变化可以看出，在滞后阶数1、3、4处与0差异较大，因此考虑$q=0$、2或3；从一阶差分的偏自相关系数PAC变化看出，在滞后阶数1、3、5处与0差异较大，因此考虑$p=0$、2或4。通过对$p=0$、2、4和$q=0$、2、3时的ARMA（p，1，q）模型的分别估算，发现ARMA（2，1，3）模型各项检验指标最合适，AIC和SC值最小，R^2值最大，因此决定采用更为平稳的ARMA（2，1，3）模型进行预测。运用Eviews对模型参数进行估计，得到模型表达式：

$$Dy_t = -1.410Dy_{t-1} - 0.5865Dy_{t-2} + \varepsilon_t + 2.2527\varepsilon_{t-1} + 1.9393\varepsilon_{t-2} + 0.5929\varepsilon_{t-3}$$

（-10.5415）（-4.7649）　　（10.9025）（6.0971）（3.5790）

$R^2 = 0.4990$　　DW = 1.6070　　　AIC = -7.0810

模型参数估计量能够通过t检验，全部特征根的倒数在单位圆内，残差序列通过Q检验，说明模型能够进行预测。为了检验模型的预测效果，用模型对2008—2011年区际间农村居民收入差距基尼系数进行预测，比较预测值与实际值误差百分比均小于5%，说明拟合效果较好，预测较精确，可以用ARMA（2，1，3）模型对2012—2015年区际间农村居民收入差异进行预测。

表5-4　　　　区际间农村居民收入差异基尼系数预测情况

年份	2008	2009	2010	2011	2012	2013	2014	2015
实际值	0.200	0.201	0.196	0.193				
预测值	0.202	0.198	0.197	0.194	0.192	0.188	0.186	0.185
误差百分比	0.955	1.364	0.547	0.755				

注：误差百分比 =（实际值 - 预测值）/实际值×100%。

从预测情况看，2012—2015年区际间农村居民收入差异基尼系数呈现出缓慢递减趋势，说明收入差距在未来4年内将逐渐缩小，与2006年以来基尼系数的变化趋势总体一致。

第四节 主要结论分析

对农村居民收入区域差距未来发展趋势的预测，有利于判断分析收入差距曲线走向，也有利于政府制定缩小农村居民收入差距的政策。通过运用二次指数平滑法和ARMA模型，对省际间和区际间农村居民收入差距进行了预测。结合本书对农村居民收入区域间差异的演变历程、发展现状以及趋势预测的分析，可以发现农村居民收入区域间差异长期发展呈现先扩大后缩小的趋势，即有效地验证了本书理论假说的正确性，也与本书理论体系相一致。具体结论分析如下：

第一，接受倒"U"形轨迹，区际间差距下降速度更快。二次指数平滑法和ARMA模型预测出2012—2015年省际间和区际间农村居民收入差距基尼系数，结合1978—2011年实际基尼系数值，发现1978—2015年省际间和区际间基尼系数呈现倒"U"形曲线趋势，即1978年逐渐增加，2000年左右达到曲线最高值，然后出现下降趋势，即倒"U"形拐点后半截下压趋势。2012—2015年两种方法的预测值都显示出下降趋势，遵循了农村居民收入省际间和区际间差异倒"U"形变化轨迹，说明预测结果是正确的。省际间和区际间农村居民收入差距正经历从扩大向缩小的变化，这种趋势在未来几年内会继续保持。

从省际间与区际间农村居民收入差距下降速度看，区际间基尼系数下降速度快于省际间。从二次指数预测值看，2012—2015年间省际间基尼系数年均下降速度为 -1.474%，区际间为 -1.670%，区际间基尼系数下降速度快于省际间；从ARMA模型预测值看，2012—2015年间省际间基尼系数年均下降速度为 -0.474%，区际间为 -0.992%，区际间基尼系数下降速度仍然快于省际间。这说明虽然2012—2015年省际间与区际间农村居民收入差距都呈现倒"U"形下降趋势，但区际间下降趋势相对于省际间更为明显，即下降幅度更大一些，而省际间则相对平缓一些。

·92· 中国农村居民收入的区域差异研究

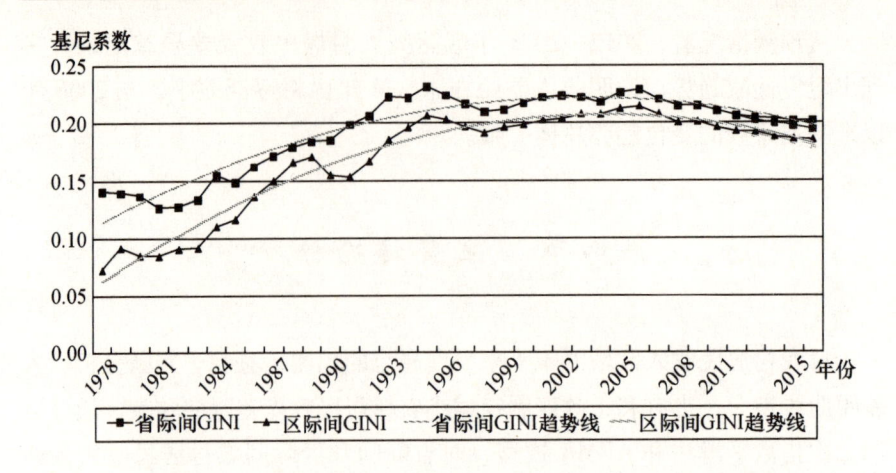

图 5-3 1978—2015 年省际间和区际间基尼系数变化趋势

注：①省际间和区际间 GINI 值在 1978—2011 年间为实际值，2012—1015 年间为预测值，两条曲线分别代表两种方法的预测值；②趋势线为 1978—2011 年 GINI 实际值和 2012—1015 年 ARMA模型 GINI 预测值的趋势线。

第二，区际间 GINI 继续位于省际间 GINI 下方。通过 1978—2011 年省际间和区际间基尼系数变化，可以发现省际间基尼系数一直高于区际间基尼系数，虽然两者差距的幅度在 2000 年以后有所减小，但区际间基尼系数一直位于省际间基尼系数下方。在 2012—2015 年二次指数平滑法预测中，省际间基尼系数预测值年均大于区际间基尼系数预测值 0.013，ARMA 模型预测为 0.015。区际间基尼系数位于省际间基尼系数下方的趋势，说明未来一段时间内省际间农村居民收入差距仍然会大于区际间农村居民收入差距。

第三，两种预测方法间的偏差在可接受范围内。二次指数平滑法和 ARMA 模型对于预测省际间和区际间农村居民收入差距都有较好的精确度和拟合效果，但由于两个方法的侧重点不同，二次指数平滑法侧重原序列的线性趋势，ARMA 模型同时考虑原时序数列的规律性和外部扰动因素，因而两种方法对同一序列趋势预测值略有偏差，但两种方法都是在对实际值进行检验后，确保有着较高的精确度和拟合度情况下，对 2012—2015 年省际间和区际间农村居民收入差距进行的预测，因而预测值是可信的。预测的不足之处在于如果能对各省及各区域农村居民收入进行预测，再计算出省际和区际基尼系数，理论上应该会更精确，这个问题有待在今后研究中进一步深入探讨。

第六章　对中国农村居民收入区域差异适度性的考察

农村居民收入区域差异演变历程、发展现状以及趋势预测的分析，对本书理论假说进行了很好的验证，证明了倒"U"形曲线在农村居民收入区域差异分析中的适用性。但收入区域差异倒"U"形状变化，并不能说明收入区域差异是适度的，比如收入区域差异在扩大过程中是否拉动了农村经济社会快速发展？倒"U"形拐点是不是经济社会发展与区域收入差异扩大不相适应的最大承受点？拐点之后的收入差异下降趋势是否损害了农村经济快速发展？以及回波扩散效应是否实现了发达地区与落后地区的共同发展？这些问题的解答都可以归类为收入区域差异适度性分析，即对农村居民收入区域差异与农村经济社会发展适度性进行考察。

收入差距的规范研究在最近几年受到一些国内外学者的重视，赵人伟和李实（1998）提出要将价值判断引入收入差距分析，建立收入差距适度性判断标准对于认识和把握收入差距的规律有着重要的意义。市场经济下区域间农村居民收入差距的存在不可避免，但收入差距过大会带来很多负面影响，如何界定和判断收入差距的适度性是农村居民区域间收入差距问题研究的一项重要内容。农村居民收入区域差距适度性的考察可以用理论和实证两种方法进行分析，理论分析包括基尼系数对适度性的判断、倒"U"形拐点对适度性的判断以及依据判断准则对农村居民区域收入差距适度性的判断等，实证分析主要通过建立收入差距适度性评价指标体系对区域间农村居民收入差距适度性进行判断。

第一节 农村居民收入区域差异适度性的内涵及判断准则

一 农村居民收入区域差异适度性的内涵

(一) 收入差异适度性相关概念

"适度性"是介于"过"与"不及"两端之间的一种均衡性,要求矛盾体达到和谐统一,体现了事物之间相互依存和相互制约的整体性。适度性要求把握事物的合理尺寸,达到不多不少,不过多进行价值倾向的界定。在经济学中,适度性原则既要求效率追求又不失公平的体现,达到一种恰到好处的全面发展状态。

"收入差异适度性"是适度性在居民收入差距领域的一种诠释和延伸,是收入差异与经济社会发展的一种协调状态。任红艳(2010)认为收入差距适度性是居民收入数量上的差距与社会发展稳定的一种协调状态,这种收入差距既能促进经济增长又能实现社会的稳定与公平。张敏(2010)认为适度的收入差距既能够实现社会资源的有效配置,促进生产效率的提高和经济的持续发展,又能够实现社会的稳定与公平。

根据适度性和收入差异适度性的诠释,可以对"农村居民收入区域差异适度性"定义如下:农村居民收入区域差异适度性是指不同区域之间农村居民收入差异介于"过大"与"过小"之间的一种均衡性,在量上位于合理区间,在质上体现了效率与公平的协调。这种协调性包括:①区域收入差异与区域经济增长的协调,即区域间农村居民收入差异能够刺激区域经济持续增长;②区域收入差异与资源配置效率的协调性,即区域间农村居民收入差异能够实现区域间和区域内资源高效配置;③区域收入差异与社会稳定的协调性,即区域间农村居民收入差异能够实现社会的稳定兼顾收入分配的公平。

(二) 收入差异适度性本质和基本特征

收入差异适度性的本质就是在效率和公平之间权衡,寻求效率与公平的均衡点。农村居民收入区域差异反映的是区域间农村居民的资源配置与收入分配关系,适度差异的存在是资源优化配置的结果,可以刺激区域经济增长和提高居民的收入水平,差异的存在提高了农民生产的积极性,强调了经济效率的发挥。但收入差异积极效应的发挥受到社会公平的价值观约束，如果差异超过公平价值观可以承受的限度，则会带来经济效益的损失和社会负面影响效应的膨胀，导致社会不稳定因素增加和经济发展障碍。

从收入差异适度性内涵和本质出发，可以归纳出农村居民收入区域差异适度性基本特征：①相对性。相对性主要体现在时间和空间等方面，首先，从时间角度看，收入差异适度性具有较强的时效性，即随着时间的推移，收入差异适度性判断标准会发生转变，一个时期收入差异适度性判断标准不一定能适用于另一个时期，所以应该用动态的判断标准来衡量收入差异的适度性。其次，从空间角度看，不同区域经济社会发展水平存在差异性，导致收入区域差异适度性判断标准的不同，一个区域的收入差异适度性标准不一定能够适用于另外一个区域。②层次性。收入区域差异适度性是一个系统的概念，由多个层次组成，可以划分为微观和宏观两个角度。从微观看，判断收入区域差异适度性主要依据是否有利于生产效率提高，是否有利于劳动、资本和技术等生产要素的优化配置，以及社会公平的实现；从宏观看，主要考察是否有利于整个社会资源的合理配置以及社会财富的增加，是否有利于社会稳定和协调发展。③连续性。收入区域差异适度性是一个连续性过程，即贯穿于收入分配和社会发展始末，只要存在收入分配问题就会存在收入差异适度性判断，收入差异适度性与收入分配以及效率与公平互动运行。

二 农村居民收入区域差异适度性的判断准则

根据农村居民收入区域差异适度性的内涵和基本特征，可以明确农村居民收入区域差异适度性内容包括三个方面，即区域（农村）经济持续增长、区域（农村）资源配置以及区域（农村）社会稳定与公平，农村居民收入区域差异适度性就是考察这三个方面的协调状态，因此可以将这三个方面内容及其协调情况作为收入区域差异的判断标准。

首先，是否有利于区域（农村）经济持续增长。收入区域差异产生的基础是区域生产力发展和经济水平的提高，生产力水平决定了收入分配格局，分配方式本质上取决于可供分配的产品数量。收入区域差异的存在是区域经济发展的结果也是区域经济增长的动力，适度的区域收入差异能够调动区域生产者的积极性，促进经济增长，而过度的区域收入差异则损失了社会生产的动力，阻碍区域经济增长。因此，有利于区域经济持续增长的差异是适度的差异，否则是不适度的差异。

其次，是否有利于区域（农村）资源高效配置。资源的配置效率即资源自由向生产效率高的地区和部门流动，使得有限的资源实现最大的效益。适度的区域收入差异是区域间资源优化配置的结果，实现了资源的合理配置。因此，适度的收入差异能够提高资源的配置效率，实现区域间比较优势的发挥，而过度的收入差异则损失了资源有效配置，阻碍了资源的合理性流动。

最后，是否有利于区域（农村）社会稳定与公平。区域农村居民收入差异对社会的影响主要表现在对社会正式制度和非正式制度的影响，对正式制度的影响即对社会法律和规定等的影响，主要体现在非正常收入或非法收入对社会法律体系的冲击，引发了社会的不稳定；对非正式制度的影响即对道德、观念、伦理以及习俗等的影响，过度的收入差异冲击了不同收入主体的公平价值观念，引起群体内部公平失衡，激化内部矛盾。

第二节 农村居民收入区域差异适度性理论判断

一 用基尼系数对差异适度性的简单判断

基尼系数是考察农村居民收入区域差异的一个重要指标，取值在0—1，数值越大说明收入差异越大，相反则越小。一般认为：$G<0.2$ 表明收入分配处于高度平均，$0.2<G<0.3$ 表明收入分配处于相对平均，$0.3<G<0.4$ 表明收入分配比较合理，0.4 为收入分配差距的警戒线，$G>0.5$ 表示收入差距两极分化。

从省际间农村居民收入差异基尼系数值可以看出，1978—1991 年基尼系数值均小于 0.2，即处于收入分配高度平均，1992—2011 年基尼系数值均在 0.2—0.3，即处于收入分配相对平均；从区际间农村居民收入差异基尼系数值可以看出，基尼系数在 0.2 以下以及 0.2—0.3 交错出现，1978—1994 年、1997—2000 年以及 2010—2011 年这三个阶段基尼系数值均在 0.2 以下，处于收入分配高度平均，1995—1996 年和 2001—2009 年两个阶段基尼系数值均在 0.2—0.3，处于收入分配相对平均。可以看出，1978—2011 年省际间和区际间农村居民收入差异基尼系数一直在警戒线以下运行，可以判断省际间和区际间农村居民收入差异是适度的。

基尼系数在不同国家不同地区不同收入阶层之间其判断标准会因具体情况不同而有所差异，同一水平的基尼系数在不同国家地区和阶段所蕴含的意义不尽相同，仅使用单一标准来说明收入差距适度性是不充分的，会产生一定误差情况。这里仅仅是运用基尼系数来对省际间和区际间农村居民收入差异适度性的一个简单描述，用来说明差异适度性的变化趋势。

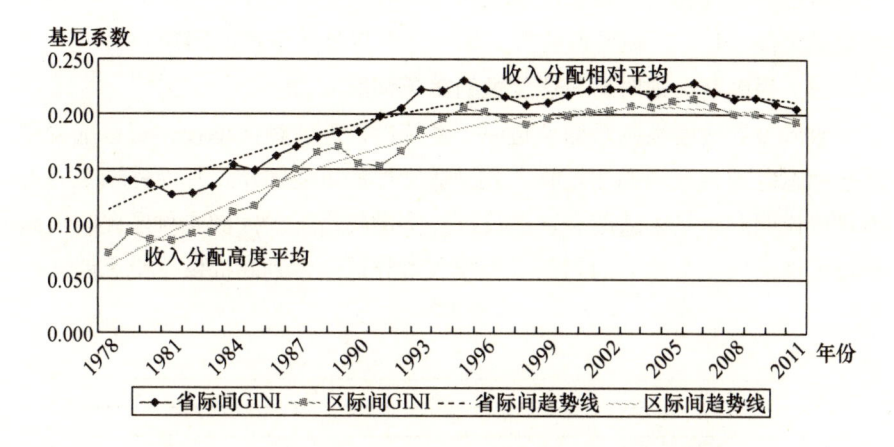

图 6-1 1978—2011 年农村居民收入区域差异适度性情况

注：G<0.2 表示收入分配高度平均，0.2<G<0.3 表示收入分配相对平均。
资料来源：根据《中国统计年鉴》和《中国农村统计年鉴》相关数据计算整理。

二 用倒"U"形拐点对差异适度性的简单判断

库兹涅茨认为一国收入分配差距总体会呈现出倒"U"形曲线变化，即随着早期的经济发展而恶化，到达曲线拐点后又随着经济发展而改善，根据一般经验，拐点的临界值处人均 GDP 达到 1000 美元，第二产业产值比重为 50% 左右。

从省际间和区际间农村居民收入差异基尼系数及其趋势线，可以看出在 2000—2006 年左右出现了倒"U"形拐点趋势，2000 年和 2006 年人均 GDP 分别为 949.23 美元和 2059.75 美元，第二产业产值比重分别为 45.9% 和 48.9%，大体上符合库兹涅茨倒"U"形临界值标准，即省际间和区际间农村居民收入差异是适度的，在经济发展初期呈现出上升趋势，在人均 GDP 达到 1000 美元以及第二产业产值比重为 50% 时开始出现拐点并向下弯曲趋势。

运用倒"U"形拐点对省际间和区际间农村居民收入差异适度性进行

的判断也仅仅是一个大致的简单判断,因为倒"U"形不一定适合所有国家或地区,受到很多具体的条件限制下才能够成立。但倒"U"形可以描述出收入差异适度性的总体情况,且农村居民收入区域差异适度性更应该以农村人均 GDP 和农村第二产业比重来作为临界点,如此判断那么倒"U"形过程更具有适度性,即在农村人均 GDP 尚未达到 1000 美元临界点时就已经出现拐点,说明区域农村居民收入差异适度性很好,当然此时如何确定倒"U"形临界点的值又是一个有待具体分析的问题。

三 用判断准则对差异适度性的简单判断

收入差异适度性判断标准是一个系统性标准,经济增长、资源配置和社会稳定之间相互协调才是收入差异适度性的重要体现,片面强调某一方面难以说明差距是否适度。这里仅以经济增长情况对区域农村居民收入差异适度性进行一个简单的判断,为收入差异适度性判断提供一个思路。

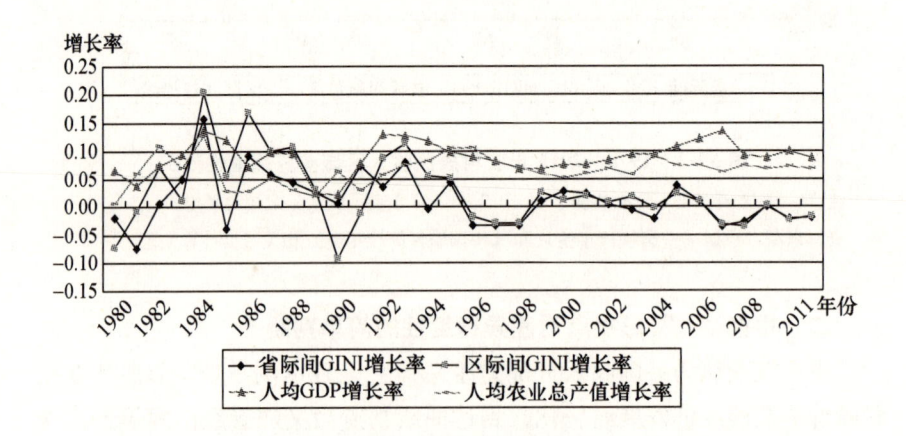

图 6-2　1980—2011 年农村居民收入区域差异与经济增长对比情况

注:人均 GDP 增长率是人均 GDP 以 1978 年价格折算后的增长率,人均农业总产值增长率是以 1952 年价格折算后的增长率。

资料来源:根据《中国统计年鉴》和《新中国六十年统计资料汇编》相关资料计算整理。

以经济增长作为收入差异适度性的一个判断标准,将人均 GDP 和人均农业总产值消除价格因素波动后,考察农村居民区域收入差异基尼系数与经济增长的相互关系。发现当省际间基尼系数和区际间基尼系数小于 0.2 时即收入分配高度平均时,基尼系数增长率变动幅度较大,随之带来人均 GDP 和人均农业总产值波动幅度也较大,说明在收入差异较小时,收入差异迅速扩大带来了经济较快速度的增长，而经济增长也伴随着收入差异的扩大，即收入差异是适度的且是有益于经济增长的；1995 年以后收入差异波动幅度较缓，而经济增长速度也逐渐平稳，说明收入差异对经济增长的带动作用逐渐递减，且收入差异增长率在 1995 年以后一直位于经济增长率下方，说明收入差异还是较为适度的，并没有在很大程度上引起经济增长下滑，在 2006 年以后收入差异增长率波动方向与经济增长率方向出现相反，即收入差异增长率减小有利于经济增长率速度提升。

第三节 农村居民收入区域差异适度性实证判断

收入差异在市场经济条件下是一种必然现象，是经济增长过程中的一种常态，然而收入差异过大势必会对经济发展、资源配置以及社会稳定产生负面影响。如何科学判断收入差异的适度性，需要将价值判断标准引入收入差异研究领域，建立收入差异适度性价值判断标准，以把握收入差异及其内在变化规律，为收入差异的分析和政策制定提供依据。

一 相关文献分析

目前，对收入差异适度性的实证研究主要包括以下几个角度：首先，使用某个指标作为收入差异适度性判断依据，如沈时伯（2005）认为适度收入差距就是基尼系数位于合适区间的收入差距，当基尼系数处于 0.3—0.5 之间的收入差距是比较适度的；王少国（2006）认为二元对比系数与收入差距密切相关，依据与经济发展阶段相适应的二元对比系数作为判断收入差距适度性的标准；郭平（2003）和文魁（2007）依据柯布－道格拉斯生产函数和基尼系数推导出收入差距合理指数，对收入差距进行价值判断。其次，使用几个指标组合作为收入差距适度性判断标准，如国家计委宏观经济研究院收入差距课题组（2001）分别采用基尼系数、倒 "U" 形拐点和一些辅助指标对收入差距适度性进行判断，认为基尼系数在 0.3 左右是比较适合的；樊丽淑（2005）探讨了农民收入差距适度性判断标准，分别选择基尼系数、变异系数和若干辅助指标作为收入差距适度性的判断指标。最后，依据收入差距适度性判断标准，构建适度性判断指标体系对收入差距适度性进行判断，如张敏（2010）对城镇居民基尼系数、库兹涅茨指数、收入不良指数和库兹涅茨比率赋予相应权重组成收入差距复合指标，用社会经济发展规模、经济结构、经济质量以及社会生活水平四个方面18个指标组成社会经济发展指数，用距离协调度公式计算两者协调度；孙敬水（2012）从经济增长、资源配置、收入分配和社会稳定四个方面选取若干指标，构建适度性评价指标体系，利用因子分析法综合变量维度，利用灰色关联度模型分析收入差异适度性。

可以看出，一些学者对收入差异适度性问题进行了积极探讨，也取得了丰硕的成果，但已有的研究也存在诸多问题，比如在使用基尼系数和倒"U"形拐点对收入差异适度性进行判断时，忽视了不同国家地区的人口规模、国土面积以及社会经济等因素对判断范围值的影响，盲目使用基尼系数作为判断准则；此外，对收入差异适度性判断缺乏一个全面系统的分析方法，难以兼顾经济增长、资源配置和社会稳定等判断准则；而且在区域间收入差异和区域间农村居民收入差异适度性分析上一直处于空白。本书力求克服这些困难，构建一个能够体现适度性判断准则且结合区域发展实践的农村居民收入区域差异综合指标体系，对区域间农村居民收入差异适度性进行科学判断，为收入差异的把握和政策制定提供相关借鉴。

二 指标体系的构建和数据处理

农村居民收入区域差异适度性评价涉及经济、社会和环境等多方面因素，依据适度性判断准则与涉及层面，可以将农村居民收入区域差异适度性评价指标体系划分为四个指标群，分别为收入差距指标群、经济增长指标群、资源配置效率指标群以及社会稳定与公平指标群。收入差距指标群主要包括基尼系数、加权变异系数和阿特金森指数三个指标，用来衡量区域间农村居民收入差异情况；经济增长指标群主要包括经济规模和经济结构两个子指标群，用来衡量区域经济增长情况；资源配置效率指标群主要包括生产要素配置效率子指标群，用来衡量区域间资源优化配置情况；社会稳定与公平指标群主要包括社会稳定和社会公平两个子指标群，用来衡量社会稳定与公平程度。农村居民收入区域差异适度性既受到收入差异本身制约，又受到社会、经济和环境的影响，因此可以将经济增长、资源配置效率以及社会稳定与公平三个指标群作为经济社会发展综合指数。

表 6-1　　农村居民收入区域差异适度性评价指标体系

目标层	综合指数	指标群	子指标群	指标层
农村居民收入区域差异适度性评价指标	区域收入差距综合指数 Y	收入差距	区域收入差距	基尼系数 Y_1
				加权变异系数 Y_2
				阿特金森指数 Y_3
	区域经济社会发展综合指数 X	经济增长	经济规模	农业总产值 X_1
				乡镇企业总产值 X_2
				农村固定资产投资 X_3
				农业主要税收收入 X_4
			经济结构	种植业产值比重 X_5
				非农产业从业人员比重 X_6
		资源配置效率	生产要素配置效率	农业有效灌溉率 X_7
				农业劳动生产率 X_8
				农业土地产出率 X_9
				农村资本效率 X_{10}
				农业技术效率 X_{11}
		社会稳定与公平	社会稳定	贫困发生率 X_{12}
				农村恩格尔系数 X_{13}
			社会公平	农村劳动力文化程度 X_{14}
				农村医疗保健支出比重 X_{15}
				农村居民人均住房面积 X_{16}

由于原始数据存在量纲不同，需要对原始数据进行标准化处理，考虑到要尽量保留原始变量信息，本书采用极值标准化方法对原始数据进行无量纲化，其公式为：$X = \dfrac{(X' - X'_{\min})}{(X'_{\max} - X'_{\min})}$，式中 X 为数据标准化值，X' 为原始数据值，$X'_{\min}$ 为原始数据的最小值，$X'_{\max}$ 为原始数据的最大值。在标准化过程中，按照指标值的变化方向与期望值间的关系，将指标分为正向指标、适度指标和逆向指标三种，[①] 对于逆向指标和适度指标要转换为正向指标，逆向指标主要有贫困发生率和农村恩格尔系数两个指标，逆向指标

---

① 正向指标与期望值之间呈正相关关系，逆向指标与期望值之间呈负相关关系，适度指标是越接近某个值越好的指标，进行评价时为了保证指标的同趋势性，需要将逆向指标和适度指标转化为正向指标。

转化为正向指标的方法是：$Z'_i = 1/Z_i (Z_i > 0, i = 1, 2, \cdots, n)$；适度指标包括基尼系数、加权变异系数和阿特金森指数 3 个指标，适度指标转化为正向指标的方法是：$Z'_i = 1/(1 + |\alpha - Z_i|)$（$\alpha$ 为最合适的值）。

三 农村居民收入区域差异适度性测度

（一）评价指数测算

对农村居民收入区域差异适度性测度的前提是测算出分别代表收入差距、经济增长、资源配置效率以及社会稳定与公平的评价指数，考虑到各组内指标数量有限，① 且不同指标对各组评价指数影响存在差异，因此采用层次分析法（AHP）赋予各指标相应权重，分别求出各组评价指数，再运用因子分析法求出经济社会发展综合指数。

1. 分组评价指数测算

由于各分组评价指标数量有限，采用主成分或者因子分析法测算分组评价指数时不适用，而权重分析法不受具体指标数量限制，可以通过加权平均得出分组评价指数。权重赋予方法有主观赋权和客观赋权两种，李朝锋（2007）和孙敬水（2012）运用主成分分析中的特征向量归一化后作为客观权重，虽然保留了原始数据的大部分信息，但忽略了不同指标在各组指标群中重要性的差异。而层次分析法在赋予指标相应权重时既能保留大部分信息，又能充分考虑到指标重要性差异，因此，运用层次分析法对分组评价指数进行测算。具体测算步骤为：首先，构造判断矩阵，两两比较指标的重要性，依据重要性程度打分；其次，对判断矩阵问卷中不同专家分值取算术平均数，运用 Mathpro 软件求出不同指标权重，同时进行一致性检验；最后，用各指标权重乘以相应的标准化后的指数数值，加总后得出各组评价指数，公式为：$S_i = \sum W_i P_i (i = 1, 2, \cdots, n)$，其中 S_i 为第 i 组指标的评价指数，W_i 为第 i 组各指标的权重，P_i 为第 i 组各指标的标准化数据值。

2. 综合评价指数测算

因子分析法能用较少的几个公共因子对原来较多的变量进行降维，既

---

① 一些学者采用因子分析法赋予指标权重进行测算分组评价指数，但本书认为各分组指标数量较少不适合使用因子分析法进行降维处理，故采用不受指标数量限制的层次分析法赋予分组指标权重，而在测算综合指数时由于指标数量较多，则采用了因子分析法求出经济社会发展综合指数。

能保留原变量大部分信息,又能避免由于变量较多而带来的重叠复杂关系和效率损失。农村区域经济社会发展综合评价指数测算涉及16个指标,适合使用因子分析法计算综合评价值。对标准化后的序列变量进行KMO和Bartlett检验,得出KMO为0.821表示变量间的相关性较强适合进行因子分析,Bartlett球形度检验卡方值为2018.217且p值Sig.为0.000表示相关系数矩阵不是单位阵,变量之间相关性较高,适合做因子分析。提取的公因子方差均在0.9以上表明原变量中大部分信息能被提取的因子所代替,因子分析是有效的。

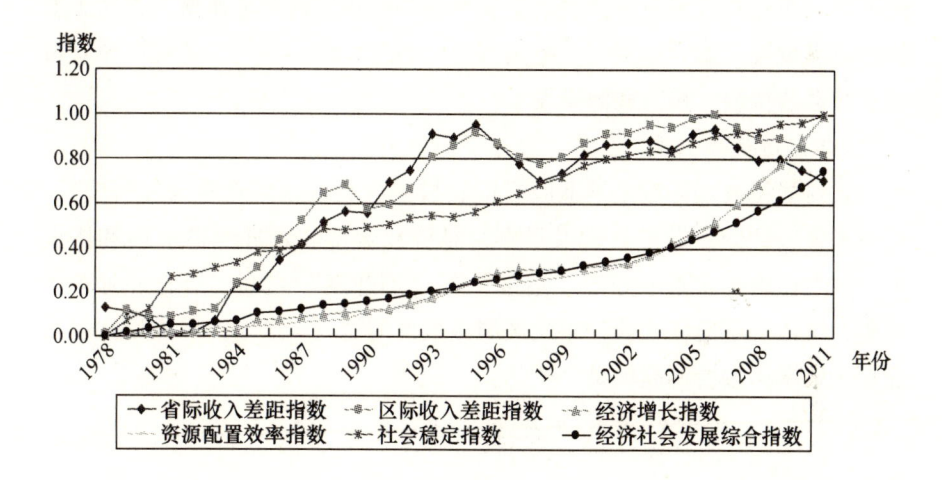

图6-3 1978—2011年农民收入区域差异与经济社会发展相关指数变化

资料来源:根据《中国统计年鉴》、《中国农村统计年鉴》、《中国财政统计年鉴》和《中国农村贫困监测报告》相关数据资料整理计算。

通过因子分析得到初始特征值大于1的共两个主因子,方差累积贡献率达到97.289%,旋转后两个主因子的特征值分别占总特征值的51.629%和45.660%。根据成分得分系数矩阵和标准化后的样本数据,计算出各因子得分,并使用旋转后方差贡献率即0.531和0.469作为因子权重乘以各因子得分相加得出综合得分即经济社会综合评价指数。

从测算的各组评价指数和综合评价指数变化情况看,1978—2011年各组评价指数变化趋势基本一致,呈现逐步上升趋势,伴随着省际和区际农村居民收入差距的扩大,区域农村经济增长、资源配置和社会稳定与公平以及反映经济社会发展的综合指数也不断增长。从增长速度看:1978—

1995年农村居民收入区域差距指数上升较快，而经济社会发展相关指数也实现了较快速度增长，说明了农村居民收入区域差距在一定程度上的合理拉大有利于农村区域经济社会发展，刺激了农村经济增长，实现了农村区域间资源的有效率配置，同时也在社会稳定与公平可承受范围之内；1996—2006年农村居民收入区域差距指数持续平缓扩大，农村经济社会发展相关指数也变得较为平稳，即农村居民收入区域差距的扩大对区域农村经济社会发展的刺激作用开始逐步下降，收入差距扩大的负面效应开始逐渐显露出来；2006年以后，省际和区际农村居民收入差距指数开始逐渐下降，而此时区域农村经济社会发展相关指数出现快速递增，说明了农村居民区域收入差异达到一定范围值之后的逐步缩小有利于实现区域农村经济社会的持续、快速和健康发展。

（二）适度性测算

农村居民收入区域差异适度性即农村居民收入区域差异与经济增长、资源配置、社会稳定与公平以及农村经济社会整体发展的适应度和协调度，适度性多数状态下处于"适度"与"不适度"之间，概念外延较为模糊，可以采用模糊集合论中的隶属函数模型对收入区域差异适度性进行测算。隶属函数协调度模型公式为：

$$C_s(i, j) = \frac{\min\{u(i/j), u(j/i)\}}{\max\{u(i/j), u(j/i)\}} \tag{6.1}$$

(6.1)式中，$C_s(i, j)$是系统i对系统j的静态协调度，$0 < C_s(i, j) \leq 1$，$u(i/j)$是系统i对系统j的适应度也成为协调系数，其公式表达为：

$$u(i/j) = \exp\{-(x - \hat{x})^2/s^2\} \tag{6.2}$$

(6.2)式中，$u(i/j)$为系统i对系统j的适应度，x为系统i的实际值，$\hat{x}$为系统i对j的协调值或者称为系统j对系统i要求的发展协调值，可以通过VAR模型求得，s^2为系统i的方差。

静态协调度$C_s(i, j)$值越大表明系统i与系统j越协调，一般认为：$0 < C_s(i, j) < 0.5$是不适度，$0.5 \leq C_s(i, j) < 0.8$是基本不适度，$0.8 \leq C_s(i, j) < 0.9$是基本适度，$0.9 \leq C_s(i, j) < 1$是适度。

由于农村居民收入区域差异与经济社会发展是时序动态过程，因而构建反映系统间动态协调度模型：

$$C_d(t) = \frac{1}{T}\sum_{k=0}^{T-1} C_s(t - k) \tag{6.3}$$

(6.3) 式中，$C_d(t)$ 为动态协调度，$0 < C_d(t) \leq 1$，$C_s(t-k)$ 为 $(t-T+1) \sim t$ 各个时刻的静态协调度。假设在两个不同时刻 $t_1 > t_2$，如果 $C_d(t_1) \geq C_d(t_2)$，则说明系统一直处于协调发展轨迹中。

1. 利用 VAR 模型测算协调值

静态协调度测算过程中，$x - \hat{x}$ 表示的是系统的实际状态与所要求的协调发展状态之间的离差，离差值越大表明适度性越差，离差值越小表明适度性越好，所以协调值 $\hat{x}$ 的求解是模型测算的关键。利用 VAR 模型对农村居民收入区域差异与区域农村经济社会发展各类评价指数进行拟合，测算出协调值。在 VAR 模型的估计中，关键是对模型滞后期的选择和平稳性检验，依据 LR、FPE、HQ、AIC 和 SC 五个评价指标少数服从多数原则综合确定最优滞后期，根据 VAR 特征值是否分布在单位圆内检验平稳性。

表 6 - 2　　　　各组 VAR 模型回归结果情况

分类及因变量	回归系数\自变量	$f_i(Y_{t-1})$	$f_i(Y_{t-2})$	$g_i(X_{t-1})$	$g_i(X_{t-2})$	C	Adj. R^2	F
$f_1(Y_t)$ 与	$f_1(Y_t)$	1.14	-0.16	0.04	-0.14	0.05	0.94	130.48
$g_1(X_t)$	$g_1(X_t)$	0.10	-0.11	1.66	-0.58	0.00	0.99	2313.23
$f_1(Y_t)$ 与	$f_1(Y_t)$	1.15	-0.17	0.63	-0.81	0.05	0.95	134.54
$g_2(X_t)$	$g_2(X_t)$	0.04	-0.05	1.20	-0.05	0.00	0.99	1724.26
$f_1(Y_t)$ 与	$f_1(Y_t)$	1.12	-0.23	-0.53	0.56	0.08	0.94	132.59
$g_3(X_t)$	$g_3(X_t)$	-0.08	0.08	0.84	0.11	0.00	0.98	594.43
$f_1(Y_t)$ 与	$f_1(Y_t)$	1.13	-0.19	-1.36	1.40	0.07	0.94	130.81
$g(X_t)$	$g(X_t)$	0.02	-0.03	1.28	-0.19	0.01	0.99	4713.78
$f_2(Y_t)$ 与	$f_2(Y_t)$	1.26	-0.27	0.13	-0.22	0.04	0.96	202.00
$g_1(X_t)$	$g_1(X_t)$	0.09	-0.10	1.58	-0.49	0.00	0.99	2108.86
$f_2(Y_t)$ 与	$f_2(Y_t)$	1.27	-0.29	0.35	-0.45	0.04	0.96	203.68
$g_2(X_t)$	$g_2(X_t)$	0.06	-0.08	1.20	-0.05	0.00	0.99	1778.18
$f_2(Y_t)$ 与	$f_2(Y_t)$	1.28	-0.41	-0.24	0.33	0.05	0.96	206.82
$g_3(X_t)$	$g_3(X_t)$	-0.13	0.14	0.89	0.05	0.07	0.98	622.75
$f_2(Y_t)$ 与	$f_2(Y_t)$	1.28	-0.32	-0.41	0.40	0.05	0.96	198.54
$g(X_t)$	$g(X_t)$	0.01	-0.04	1.12	0.00	0.01	0.99	5166.10

注：$f_1(Y_t)$ 和 $f_2(Y_t)$ 分别为省际间和区际间农村居民收入差异评价指数函数，$g(X_t)$ 和 $g_i(X_t)$ 分别为经济社会发展综合评价指数函数和各组评价指数函数。

由 VAR 模型的回归结果，可以建立回归方程，测算出农村居民省际间和区际间收入差距指数与其他各组指数以及区域农村经济社会发展综合指数的协调值，对比各组指数的实际值与协调值，可以发现实际值与协调值拟合效果较好，说明利用 VAR 模型测算出来的各组指数及综合指数协调值的可信度较好，可以用于协调度测算。

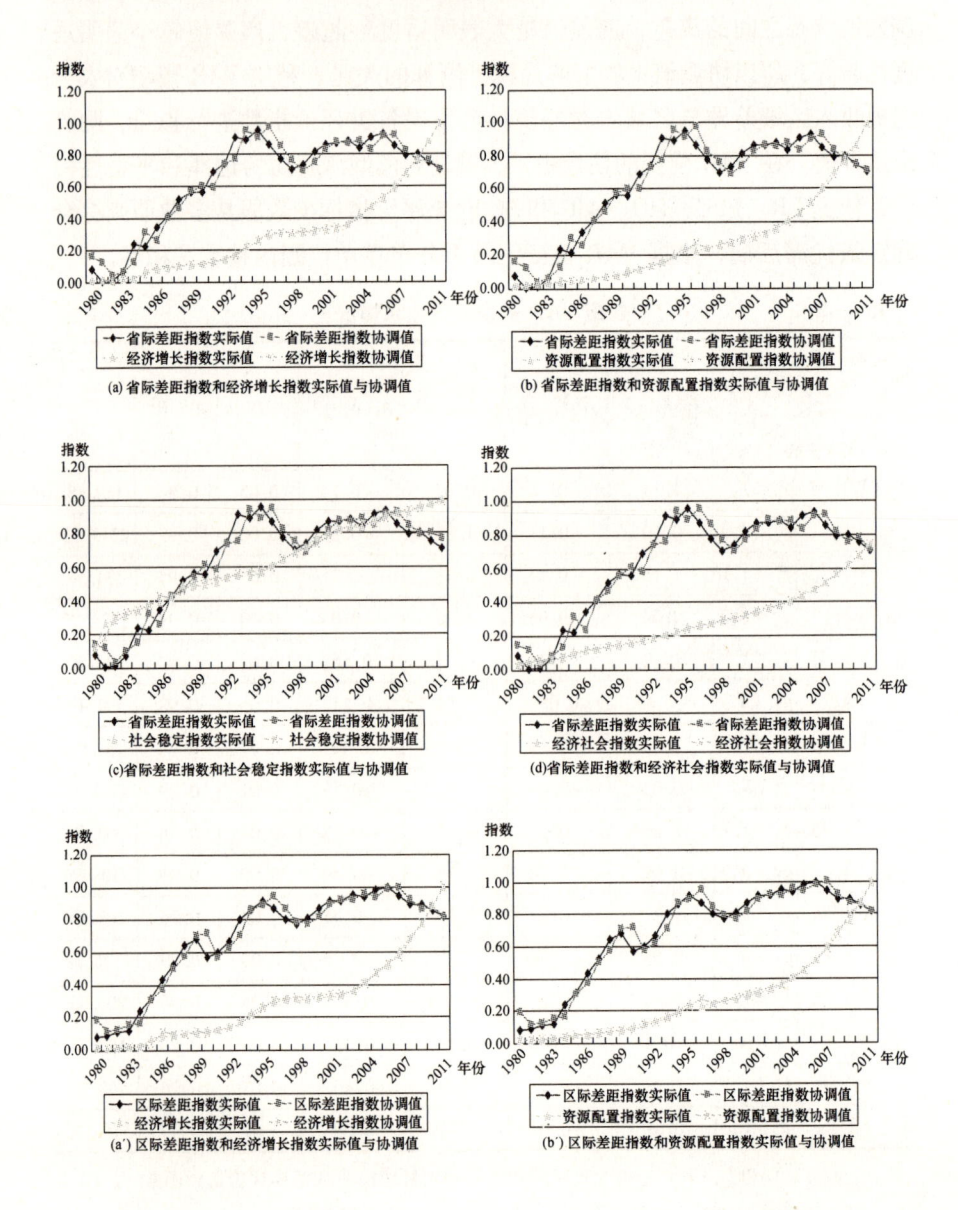

(a) 省际差距指数和经济增长指数实际值与协调值

(b) 省际差距指数和资源配置指数实际值与协调值

(c) 省际差距指数和社会稳定指数实际值与协调值

(d) 省际差距指数和经济社会指数实际值与协调值

(a′) 区际差距指数和经济增长指数实际值与协调值

(b′) 区际差距指数和资源配置指数实际值与协调值

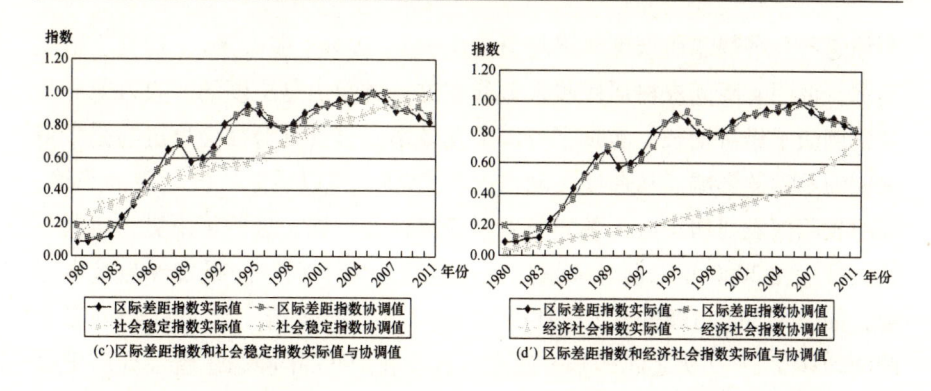

(c′) 区际差距指数和社会稳定指数实际值与协调值

(d′) 区际差距指数和经济社会指数实际值与协调值

图 6-4　农村居民收入区域差距指数与各组指数实际值与协调值情况

2. 协调度测算

首先，静态协调度的测算。基于各组指数间的协调值，运用协调系数测算公式得出各组之间相互的适应度，再基于协调系数运用隶属函数模型测算出省际间和区际间农村居民收入各组指标之间的静态协调度。

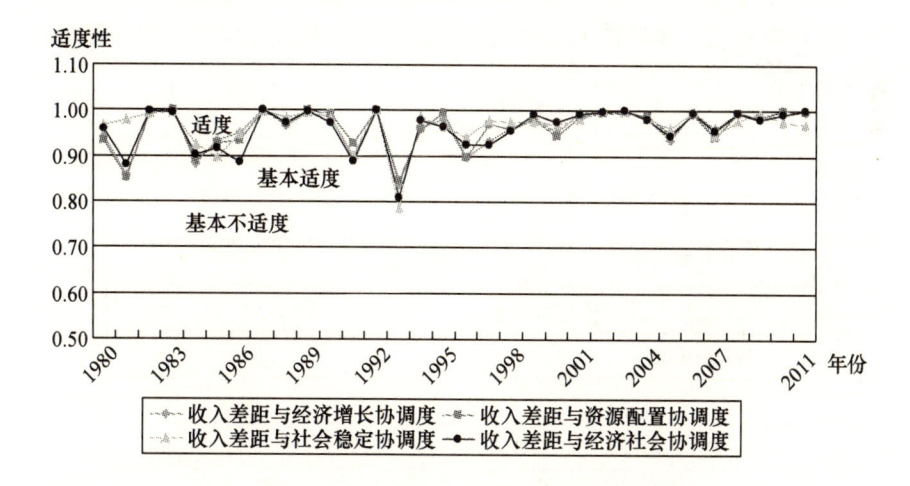

图 6-5　省际间农村居民收入差距静态适度性变化情况

注：不适度范围为 (0，0.5)，基本不适度为 [0.5，0.8]，基本适度为 [0.8，0.9]，适度为 [0.9，1]。

省际间农村居民收入差异静态适度性较好，从 1980—2011 年省际间农村居民收入差异与农村经济社会综合发展静态协调度年平均值达到 0.960，处于适度范围，分别与农村经济增长、农村资源配置以及农村社会稳定与公平静态协调度年平均值为 0.961、0.963 和 0.967，均处于适度范围，说明省际间农村居民收入差异在这一时间内是适度的，收入差异的变化刺激了经济增长，实现了资源配置效率，且没有对社会稳定与公平带来较为不利的影响。从曲线波动情况看，2000 年以后曲线波动更为平稳，说明省际间农村居民收入差异与农村经济社会发展在近些年来更为协调一些；虽然在 2000 年以前总体适度性也较好，但个别年份则表现为基本适度，如 1981 年、1986 年、1991 年和 1993 年收入差异与经济社会静态协调度均在 0.8—0.9 之间即基本适度，其中在 1993 年静态适度性为历史最低，甚至收入差异和社会稳定与公平表现为基本不适度，静态协调度仅为 0.785，与经济增长、资源配置以及经济社会综合静态协调度也均是历史最低。1978—1993 年省际间农村居民收入差异处于迅速扩大趋势，而这一时期静态协调度波动幅度较大，说明收入差异的扩大对经济社会发展带来了较大影响，随着 1993—1996 年收入差距值达到顶峰，适度性也处于了历史最低值，说明收入差距值已经表现出与经济社会的不适度，而后随着收入差距的逐步缩小和平稳，适度性也表现出较好和平稳的趋势，即省际间农村居民收入差异扩大带来适度性的波动，收入差异的稳定伴随着适度性的平稳。

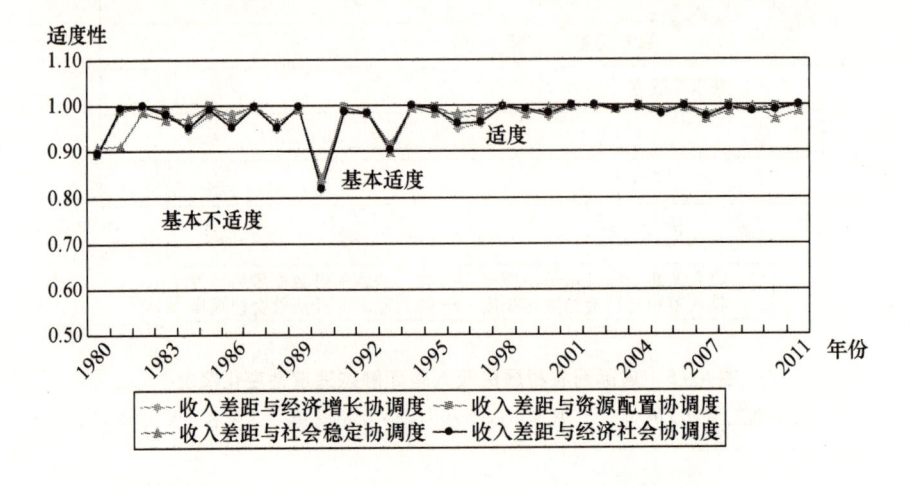

图 6-6　区际间农村居民收入差距静态适度性变化情况

注：不适度范围为 (0, 0.5)，基本不适度为 [0.5, 0.8)，基本适度为 [0.8, 0.9)，适度为 [0.9, 1]。

区际间农村居民收入差异静态适度性比省际间更为适度，1980—2011年区际间农村居民收入差异与农村经济社会综合发展协调度年平均值为0.975，比省际间高出0.015，从曲线波动情况看也呈现出更为适度。区际间农村居民收入差异与经济增长、资源配置以及社会稳定与公平的协调性也较好，年平均静态协调度分别为0.976、0.977和0.975，说明区际间农村居民收入差异这一时期促进了农村经济增长，实现了区际间资源配置效率，且没有对农村社会稳定与公平产生较大的负面影响。观察适度性曲线变化可以发现在2000年以后区际间农村居民收入差异静态适度性较好且较平稳，说明这一时期收入差异与经济社会发展更为协调。2000年以前收入差异适度性出现3个低谷，分别为1980年、1990年和1993年，而历史最低值则出现在1990年，各组指标静态适度性均处于0.8—0.9之间，属于基本适度，这比省际间适度性最低值提前了3年出现，说明区际间农村居民收入差异合理值应该小于省际间。区际间农村居民收入差异最小并不意味着收入差异与经济社会最适度，收入差异的不断扩大也带来了经济社会的同幅度波动，当收入差距即将达到顶峰时差距与经济社会发展不适度性开始逐渐显露出来，而此后收入差距的平稳下降促进了区际间农村居民收入差异与区域农村经济社会发展的适度性更加稳定。

其次，动态协调度的测算。基于测算出的静态协调度，采取历史时序数列平均法可以计算出省际间、区际间农村居民收入差距指数与经济增长、资源配置、社会稳定与公平以及经济社会综合发展指数的动态协调度，以考察动态适度性发展的轨迹。

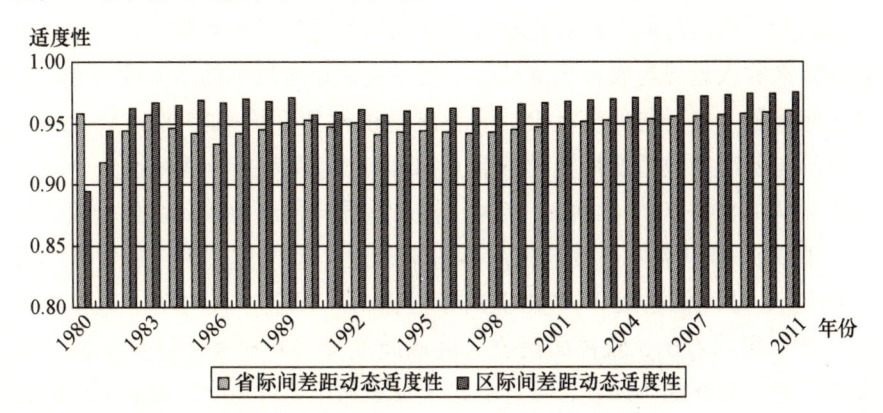

图6-7 区域间农民收入差距与经济社会发展动态适度性

从省际间农村居民收入差异动态适度性看，收入差异与农村经济社会发展动态适度性并不总在适度的轨迹上，在1993年以后适度性的轨迹比较平缓，大体呈现平稳上升过程，即 $C_d(t_1) \geqslant C_d(t_2)$ 说明此时动态适度性处于协调发展轨迹中。1993年以前经历了两个波峰，特别是在1983年以前波动得较为剧烈，即收入差异拉大初期显现出与经济社会发展适度性波动较大，在即将跌入波谷时期 $C_d(t_1) \leqslant C_d(t_2)$ 说明此时动态适度性偏离了协调发展轨迹。

从区际间农村居民收入差异动态适度性看，收入差异与农村经济社会发展动态适度性也没有一直在适度的轨迹上，但比省际间适度性轨迹要稍显平稳，大致在1990年以后适度性轨迹变得较为平整，动态协调度平稳上升，适度性轨迹较明显。在1990年以前呈现逐步上升到稳定的过程，没有出现像省际间那样跳跃性波动，但1989—1990年动态适度性出现明显下跌即协调性轨迹出现波动。

三 简单结论

通过构建农村居民收入区域差异适度性评价指标体系，运用层次分析法和因子分析法计算出省际间、区际间农村居民收入差距指数和农村经济增长指数、资源优化配置指数、社会稳定与公平指数以及农村经济社会综合发展指数，基于隶属函数协调度模型，测算出收入差距指数与各组指数之间的静态和动态协调度，对比省际和区际收入差异适度性及变化，可以得出以下结论：

第一，农村居民收入区域差异与经济社会发展较为适度。

省际间和区际间农村居民收入差异虽然经历着扩大和缩小的波动，但长期以来收入差异与农村经济社会发展一直呈现着较好的适度性，省际间和区际间收入差异与经济社会综合发展适度性年平均都在0.96以上，收入差异与各组指数适度性也都达到0.96以上，收入差异适度性处于适度范围。从1980—2011年共32年内，收入差异与各组指数及综合指数适度性处于0.8—0.9基本适度范围的年份不超过4年，其余年份适度性均在0.9以上，适度性达到0.95以上的年份占3/4以上，有的年份适度性达到0.99。可以看出，农村居民收入区域间差异与农村经济社会发展长期以来保持着较好的协调性，差异的扩大或者缩小并没有对区域农村经济社会的发展带来极度不适应的影响。

第二，适度性在收入差异不同阶段呈现不同轨迹。

虽然收入差异与经济社会发展的适度性较好，但在收入差异不同的发展阶段适度性表现出不同的变化轨迹。从静态适度性和动态适度性变化轨迹都可以看出，在农村居民收入区域差异急剧上升时期，收入差异适度性呈现震荡波动，基本适度与适度交替出现，这一时期省际间与区际间收入差异适度性各自极值差分别为 0.121 和 0.105，仍然以适度为主；当收入差异处于倒"U"形顶峰附近时，差异适度性波动最为激烈，也出现了适度性的历史最低值，省际间与区际间收入差异适度性各自极值差分别达到 0.191 和 0.182，说明收入差异过大不利于经济社会协调发展；当收入差异处于平稳中渐降阶段，此时极值差仅为 0.076 和 0.039，适度性较好且变化轨迹较为平滑。

第三，区际间收入差异的适度性要优于省际间。

虽然农村居民收入差异区际间与省际间都表现出了较好的适度性，但区际间差异的适度性要优于省际间，无论从静态适度性的拟合情况还是动态适度性的波动情况都体现了这一特征。从收入差异与经济社会发展静态适度性看，区际间适度性年均值为 0.975 比省际间 0.960 高出 0.015。区际间收入差异与各组指数之间的适度性年均值都在 0.97 以上，而省际间各组适度性都在 0.96 以上，即区际间收入差异适度性从年均值上看要优于省际间差异适度性。在收入差异与经济社会综合发展适度性以及各组适度性的波动趋势上，区际间适度性要比省际间适度性更为平稳，无论是 1990 年之前的震荡还是 1990 年之后的平稳波动，区际间适度性都表现得相对平稳。所以，无论是在静态适度性的均值上或者极值差上，还是在静态适度性的波动程度上，差异的区际间适度性都要优于省际间适度性。从差异的动态适度性上看亦是如此，一方面省际间差异适度性要低于区际间适度性，另一方面省际间差异适度性的波动幅度要高于区际间，特别是在 1990 年之前表现得更为明显。

第四，收入差异与各组指数之间的适度性存在差异。

农村居民区域间收入差异与经济社会综合发展适度性并不能涵盖差距与各组指数适度性的全部特征，收入差异与不同组之间的适度性也存在一些差异。从静态适度性看，省际间收入差异与经济增长适度性相对最低年均值仅为 0.961，而与社会稳定适度性相对最高年均值达到 0.967，但从极值波动看收入差异与社会稳定与公平适度性波动幅度稍大，特别是在

1993年收入差异与社会稳定和公平适度性出现历史最小值0.785,处于基本不适度范围。但区际间适度性情况与省际间并不相同,在区际间收入差异与资源配置效率适度性相对最大年均值达到0.977,收入差异与社会稳定与公平适度性年均值相对最低为0.975,在波动程度上,依然是收入差异与社会稳定与公平适度性波动幅度稍大一些。从动态适度性看,省际收入差异与社会稳定与公平适度性始终位于其他两组适度性上方即适度性相对较好,且极值差波动幅度也小于其他两组,但在区际间收入差异与社会稳定与公平适度性则位于其他两组下方即适度性相对低一些。可以看出,农村居民收入差异与各组指数无论是在静态适度性还是在动态适度性上,无论是在省际间还是在区际间都表现出了不同的差异性,说明了收入差异与经济增长、资源优化配置以及社会稳定与公平的适度性存在差异。

第七章　农村居民收入区域差异的影响效应及政策选择

近年来，中国农村居民收入省际间差异和区际间差异基尼系数维持在0.2左右波动，而农村居民间收入差距基尼系数达到0.4左右，虽然农村居民收入区域差异基尼系数在很大幅度上小于农村居民间收入差距基尼系数，也小于基尼系数警戒线，但这并不能说明农村居民收入区域差异较小，因为基尼系数衡量收入差距的临界标准只是具有一般意义的抽象概括。省际间或区际间经济社会情况差异性较大，基尼系数临界值可能在更小区间内达到，农村居民收入区域间差异基尼系数倒"U"形趋势线的拐点所处的基尼系数值大概在0.25，这一基尼系数值可以作为临界点的参考。从适度性判断情况看，虽然农村居民收入区域差异总体上能与农村经济社会发展相适应，但从适度性变化可以看出，收入差距在接近倒"U"形拐点时，适度性表现出较强烈的波动，即收入差距扩大到一定幅度时农村经济社会发展受到较大的影响。因此，对农村居民收入区域差异影响效应进行分析，以及探讨如何将收入差异控制在一定适度范围内，是农村居民收入区域差异研究必不可少的部分。

第一节　农村居民收入区域差异的影响效应

农村居民收入区域差异的存在是区域农村经济发展的必然结果，区域差异是伴随区域经济发展的常态，然而区域差异也必然对区域农村经济发展产生较大的影响，利用倒"U"形理论分析区域农村经济发展与农民收入区域差异关系，分析区域差异是通过什么机制影响区域农村经济增长，分析影响经济增长具体表现在哪些方面。

一 农村居民收入区域差异与经济增长关系——基于倒"U"形视角

库兹涅茨倒"U"形假说提出在经济增长过程中,收入分配差距存在倒"U"形规律,即先扩大后缩小的趋势。通过对农村居民收入区域差异演变历程以及收入区域差异与经济增长的适度性分析,可以发现农村居民收入区域差异与区域农村经济增长的相互影响效应。

在区域农村经济发展初期,农村居民收入区域差异较小,当然区域农村经济发展水平也相应较低,追求区域农村经济发展和提升经济增长效率成为这一时期主要目标;随着区域农村经济的不断增长,区域间农村居民收入差异开始逐渐拉大,在效率主导思想下,区域农村经济增长速度较快,而农村居民收入差异在区域间拉开幅度也较大,这一时期差异对经济增长的作用主要表现为拉动的积极作用;在区域农村经济增长达到一定水平时,收入差异此时也出现较高值,收入差异的拉大已经表现出与经济增长的极度不适应,导致经济增长强烈震荡,此时,如果收入差异仍然持续拉大,那么经济增长将会受到严重影响;相反,如果在区域农村经济增长达到一定水平后如 Y 点以后,农村居民收入区域差异到达顶点 F 并且开始出现下降,即倒"U"形曲线后半截意味着农村居民收入区域差异开始缩小,那么此时经济增长仍维持较快速度,此时农村居民收入区域差异对区域农村经济增长发挥着提升的作用。

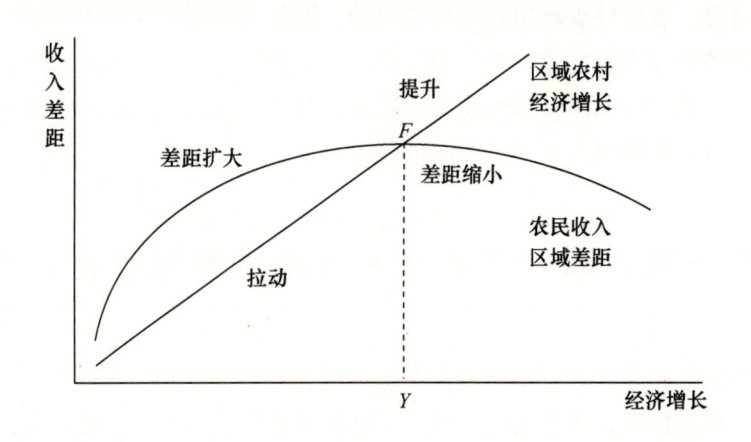

图 7-1 农村居民收入区域差异与区域农村经济增长相互影响效应

农村居民收入区域差异与区域农村经济增长的倒"U"形关系说明了适度差异有利于经济增长,适度差异在区域农村经济增长过程中发挥了积极作用，而差异过大则不利于经济增长，过大的差异在区域农村经济增长过程中发挥了消极作用，因此要通过一些措施将收入差异控制在合理的范围内，以发挥差异对区域农村经济增长和农村居民收入的积极作用。

二 农村居民收入区域差异与经济增长相互影响的机制

农村居民收入区域差异与区域农村经济增长之间是相互促进和相互制约的动态影响关系，在区域农村经济发展的不同阶段和不同背景下，两者相互影响处于变化发展的动态过程中。依据农村居民收入区域差异与区域农村经济增长相互作用关系，可以将两者相互影响的机制划分为良性作用机制和非良性作用机制两种，如果区域农村经济增长与农村居民收入区域差异处于协调发展状态则为良性作用机制，如果两者处于不协调发展状态则为非良性作用机制，良性作用机制下既能维持区域农村经济快速健康发展，又不会由于差异过大而产生系列经济社会问题。

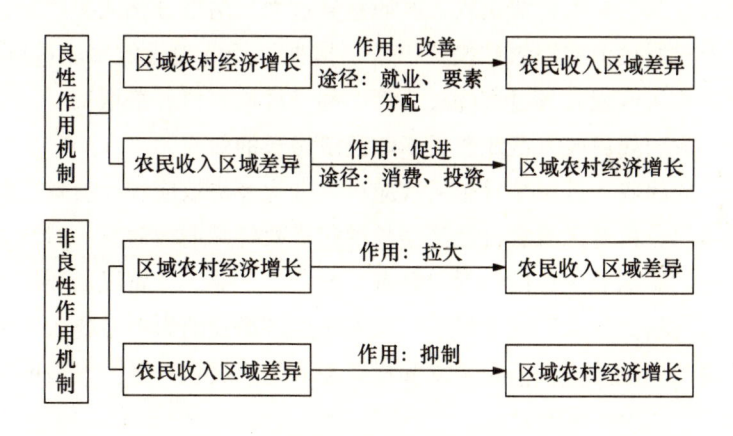

图 7-2 农村居民收入区域差异与区域农村经济增长相互影响机制

在良性作用机制中，区域农村经济增长对农村居民收入区域差异主要是改善作用，既包括缓和收入差异，又包括适度拉开收入差异。对收入差异的缓和主要途径是通过经济增长带动就业来实现的，稳定的经济增长创造了更多的就业需求，随着区域农村经济增长和农村居民就业的增加，农村居民收入不断提高，区域间农村居民收入差异得以改善；适度收入差异的拉开有利于生产效率的提高，主要是通过要素收入差异来实现的，在区域农村经济增长过程中按照生产要素贡献的大小，合理拉大区域农村居民收入差异，有利于激发生产者的积极性，提高区域间农村资源配置效率。

农村居民收入区域差异适度存在和改善能够促进区域农村经济增长，主要是通过消费和投资两个途径来实现。从消费途径看，收入差异的改善增加了消费需求，拉动了区域农村的经济增长；从投资途径看，收入差异的改善增加了投资者信心，提升了生产性投资和人力资本投资，从而拉动了区域农村经济增长。

在非良性作用机制下，区域农村经济的增长是以农村居民收入区域差异拉大为代价的，而农村居民收入区域差异的拉大又抑制了区域农村经济的增长，两者表现出强烈不适应性。如果片面追逐区域农村经济增长，必然导致农村居民收入区域差异不断扩大，引发区域间农村居民收入的极化效应；农村居民收入区域差异对区域农村经济增长的抑制作用主要表现在两个方面，其一是农村居民收入区域差异过小，平均化现象严重，不利于资源配置效率提高和农村居民生产积极性的提高，从而阻碍区域农村经济快速增长；其二是农村居民收入区域差异过大，两极分化现象严重，从而抑制了农村居民消费需求和投资需求，损失了经济增长效率。可以看出，农村居民收入区域差异过大和过小都不利于区域农村经济增长。

三　农村居民收入区域差异影响经济增长的效应

农村居民收入区域差异影响效应可以分为经济效应和社会效应两个方面，这里只分析对区域农村经济增长的积极效应和消极效应。对区域农村经济增长的影响效应可以包括对消费、投资、产业、外贸以及环境等的影响，而农村居民收入区域差异对区域农村经济增长的影响主要表现在对消费和投资的影响效应，消费需求和投资需求是区域农村经济发展的重要拉动力量。

（一）农村居民收入区域差异对农村消费的影响效应

农村居民收入区域差异对区域农村经济增长影响的一个非常重要的途径是通过影响农村消费来实现的，农村消费是扩大农村内需和刺激农村经济增长的重要手段。农村居民收入区域差异对农村消费的影响主要通过三个途径，即消费水平、消费倾向和消费结构。

在消费水平上，主要是通过影响区域农村居民收入水平来实现的。农村居民收入区域差异过大，必然带来区域间农村居民收入阶层分化，中、低收入阶层区域农村居民收入水平较低，有效消费需求受到限制，高收入阶层区域农村居民收入水平虽然较高，但人数要少于中、低收入阶层人数，因而随着农村居民收入区域差异的扩大限制了区域农村居民消费水平的提高,影响了区域农村经济增长。

在消费倾向上,随着农村居民收入区域差异的扩大,收入高的区域的农村居民边际消费倾向递减,收入低的区域的农村居民边际消费倾向虽然高但收入有限,因而农村居民收入区域差异的扩大导致平均消费倾向下降。相反,如果农村居民收入区域差异有所缓和,则区域的中低收入阶层农村居民收入明显增加,提高了边际消费倾向和消费需求,能够促进消费对区域经济增长的拉动。

在消费结构上,包括区域消费结构和物品消费结构两个方面。理想的区域消费结构应该是区域间高、中、低各层比例合理,中等阶层所占比例稍大的消费群体结构。如果农村居民收入区域差异较大,会导致区域间消费结构断层和时空错位,即区域的高阶层与低阶层消费占较大比重,而中等阶层比重偏小以及低收入阶层向中等收入阶层转换受阻。这种区域间消费结构的断层和消费空当的存在,制约了区域农村经济的发展。物品消费结构反映在区域恩格尔系数变化上,高收入区域农村居民消费恩格尔系数较小,即食物支出比重较小,而低收入区域农村居民消费恩格尔系数相对偏大,即食物支出比重偏大。如果农村居民收入区域差异持续扩大,必然拉大区域间农村居民恩格尔系数,影响低收入区域物品消费结构升级,导致区域间消费结构存在巨大差异,从而限制了消费需求对区域农村经济的拉动作用。

(二)农村居民收入区域差异对农村投资的影响效应

农村居民收入区域差异对区域农村经济增长影响的另一个重要的途径是通过影响农村投资来实现的,投资是推动区域农村经济增长的重要动力,差距对投资的影响主要表现在两个方面:其一是影响生产性投资,其二是影响人力资本投资。

从生产性投资来看,一方面,农村居民收入区域差异适度扩大有利于资产集中,不仅扩大了投资规模,而且也改变了投资结构,区域高收入的农村居民集中了一定规模的金融资金后,积极寻求有发展潜力的投资去向,从而促进了私人投资的增加,改变了传统的由政府主导的单一投资模式,增加了区域农村经济发展活力,刺激了农村经济发展;另一方面,农村居民收入区域差异过度扩大,导致农村社会投资风险增加,使未来收入不确定性增加,从而损害了投资者信心,同时,过大的收入差异也降低了中、低收入阶层农村居民投资区域农业生产的可能性,使农业发展资金缺乏，损害了区域农村经济的发展。

从人力资本投资来看，区域农村人力资本形成途径主要依靠教育投入实现，教育的发展对区域农村经济发展至关重要。适度的区域农村居民收入差异有利于体现人力资本投资来源差异性，区域农村居民收入差异性越来越表现为农村居民知识、技术和人力资本差异，适度的区域农村居民收入差异能够刺激对人力资本投资的重视程度，从而形成良好的农村人力资本投资机制，促进农村经济发展。如果农村居民收入区域差异过大则不利于农村人力资本的形成，主要表现为：其一，农村居民收入区域差异过大导致区域农村居民受教育机会不均等，高收入区域农村教育投入高，拥有相对较好的农村教育公共产品供给，而低收入区域农村教育投入偏低，从而形成了收入差异与人力资本差异的恶性循环，即农村居民收入区域差异→区域人力资本投资差异→区域农村经济增长差异和农民收入差异；其二，农村居民收入区域差异过大导致低收入区域人力资本流失，区域间农村居民收入差异促进了农村劳动力在区域间流动，进行转移的农村劳动力通常是教育水平相对较高的一部分，从而导致了低收入农村区域人力资本流失，农村经济增长受到影响。

总之，农村居民收入区域差异必须控制在适度范围之内，差异偏小则难以发挥差异对经济增长的刺激作用，导致区域农村经济低速增长；差异过大不仅会对区域农村经济发展带来诸多不利影响，而且会引发一系列区域社会问题。因此，制定一系列合理措施将农村居民收入区域差异控制在一定适度范围，对区域农村居民生活和区域农村经济增长有着重要意义。

第二节　调控农村居民收入区域差异的政策选择

农村居民收入区域差异源于农村经济发展的区域差异，区域农村经济在发展起点或机会上并不公平，例如农村公共基础设施、社会保障服务和农业发展资源等在区域间存在较大差异；在区域农村经济发展过程中公平性也较弱，例如区域发展战略、偏向性制度安排和政策支持重点等在区域发展过程中差异较大；从农村居民收入区域差异情况来看，区域农村经济发展在结果上也显失公平。库兹涅茨（1955）认为收入差距逐步缓和是受到三种因素抵消的作用：其一是国家政策调节，如财产税和遗产税等，国家政策调节在收入差距改善过程中起到重要作用；其二是人口变动，富人阶层人口数减少和原本收入相对低的人口演变成富人；其三是新旧行业更替，促使新兴行业收入比重提高。在前面对农村居民收入区域差异影响因素分析中得出劳动力素质和非农产业发展是两个关键影响因素。此外，政府是农村居民收入区域差异重要调控者。立足于农村经济发展区域差异三个不公平，基于库兹涅茨理论，结合差异影响因素和政府的作用，选择了调控农村居民收入区域差异的三个视角，即政府视角、产业视角和农村居民视角，基于这三个视角分析合理的政策选择。

一 基于政府视角的政策选择——促进结果平等

收入差异的调控属于社会公平范畴，政府在农村居民收入区域差异调控中应该发挥主导作用，其调控的主要方向应该是促进区域间农村居民收入的结果平等，借助的主要政策工具包括财税政策调控、农村社会保障体系构建以及合理法律制度安排等。

（一）运用财税政策调控农村居民收入区域间差异

1. 发挥税收政策对农村居民收入区域差异的调控作用

税收是政府调控居民收入差异的主要形式，税收对农村居民收入区域差异的调控作用主要体现在三个方面，其一调节过高的区域农村居民收入，其二实行倾斜性税收政策给予收入偏低的农村居民收入区域税收照顾，其三形成合理的税收体系保障农村居民收入区域间差异处于适度范围内变化。

调节过高的区域农村居民收入既包括对高收入区域内偏高的农村居民收入进行税收调节，也包括对部分较高收入区、中等收入区和低收入区过高的农村居民收入进行调节，对前者调节的力度大于后者。如果非高收入区域内农村居民收入过高对区域差异拉大起重要的贡献作用则需要运用税收调节，如果对区域差异扩大没有起到主要作用，可以维持收入现状甚至可以继续拉大一些，以促进低收入区域整体收入水平的提高和农村经济发展，缩小区域间农村居民收入差异。对高收入的税收调节，主要运用个人所得税方式，超额累进税率限制了收入的累积叠加，应该进一步完善财产税和消费税的征收方式，限制高收入群体财富累加。此外，由于遗产税和赠予税主要是对收入最终形式的征收，有利于防止社会财富的过度集中，对于调节贫富差距有着重要作用，应该借鉴发达国家经验早日开征。

对于偏低的农村居民收入区域调节既包括对低收入区域偏低的农村居

民收入进行税收调节也包括对高收入区域、较高收入区域和中等收入区域内偏低的农村居民收入进行调节,对前者调节的力度大于后者。对于低收入农村居民和低收入区域应该实行倾斜性税收政策,将区域性税收政策和功能性税收政策有效结合,将税收优惠政策与农村产业发展和农业科技水平的提高有机结合,提高个人所得税的扣除标准,有针对性地激励低收入区域农村经济发展和农村居民收入水平的提高。

利用税收调控区域间农村居民收入是一项复杂的综合工程,不能仅依靠某个税种进行调节,必须建立合理的个人税收调控体系。建立以个人所得税为主体和核心,辅以财产税、遗产税、赠予税和消费税等为补充的多层次的个人税收调控体系,对农村居民个人所得的存量、增量和转让进行调控。建立科学合理的农村居民个人税收调控体系,能够对过高农村居民收入进行自动抑制,对偏低的农村居民收入进行税收优惠和倾斜,通过调控区域间农村居民收入再次分配达到合理控制农村居民收入区域间差异。

2. 发挥财政政策对农村居民收入区域差异的调控作用

财政政策对农村居民收入区域差异的调控主要是重点关注低收入农村区域和低收入农村居民,财政政策调控作用包括财政收入政策调控和财政支出政策调控,其中财政收入政策调控主要是税收调控,财政支出政策调控是通过转移支付实现低收入水平农村居民收入提高和低收入区域农村经济发展。转移支付调控主要包括地区间转移支付和阶层间转移支付两种调控方式。

地区间转移支付主要是高收入区域向低收入区域转移支付,可以提高低收入区域的财政收入返还比例,也可以建立主要由高收入区域缴纳的区域发展基金用于低收入区域农村经济发展,通过增加低收入区域农村经济发展资金达到提高农村居民收入进而调控区域间农村居民收入差异作用。

阶层间转移支付主要是高收入阶层向低收入阶层转移支付,通过对高收入阶层征收税收对低收入阶层进行福利和补贴发放,以解决农村贫困人口生活问题,保障农村居民基本生活需求,摆脱贫困现状且缩小区域农村居民阶层间差异。

(二)构建农村社会保障体系调控农村居民收入区域间差异

社会保障制度能够为低收入农村居民提供生活资助,并逐步提高其收入水平,促进社会公平的实现,完善的农村社会保障体系是调控区域间农村居民收入差异的有效途径。构建农村社会保障体系关键要做到两点:其一是进一步完善农村社会保障制度，真正发挥社会保障对农村居民收入分配的调节作用；其二是统一不同区域间农村社会保障标准，运用统一的社会保障体系调控农村居民收入区域间的差异。

农村社会保障制度对农村居民基本的生活权利给予了保障，对维护农村社会公平和促进农村经济发展起到了重要作用。需要进一步拓展农村社会保障范围，做到人人享有社会保障的权利，彻底解决农村居民因灾害返贫和因病返贫的现象。建立多层次的农村社会保障体系，包括基本民生保障制度、福利导向性保障制度以及发展导向性保障制度。

区域农村间社会保障体系的统一包括发展速度的统一与事实上的统一两个方面。发展速度的统一要求高收入区域在社会保险和社会保障等方面要与低收入区域标准一致，不能因为高收入区域缴纳费用高就拉大与低收入区域间的差异，要达到自主缴纳与财政投入在不同区域农村间的平衡；从农村社会保障发展情况看，低收入区域社会保障落后于高收入区域，事实上存在二元性不平等，即使未来发展速度一致也不能缩小两者的差异，这就需要加大对低收入区域社会保障予以更多的关注，加大投入力度，提高低收入区域社会保障水平，扩大社会保障受益范围，使区域农村间的社会保障水平达到真正的统一。

（三）健全农村市场法律法规调控农村居民收入区域间差异

健全的区域农村市场法律法规是促进农村经济发展和维护农村社会稳定的重要保障，进一步完善区域农村市场法律法规有利于调控农村居民区域间收入差异，主要包括完善现代农村市场体系和打击非法不正当收入两个方面。

传统的区域农村市场发展受制于农业生产规模和区域农业生产资源禀赋，条块分割的传统区域农村市场已经不能适应现代农业发展和农村居民收入水平提高的需要，建立现代区域农村市场体系有利于区域间农业生产要素的优化配置，促进了区域农村居民收入水平的提高。区域现代农村市场体系是各区域农村市场的有机结合，是统一、开放、竞争和有序的整体。农村生产要素在区域间自由流动，促进了农业生产效率的提高和农产品交换的实现，进一步完善区域现代农村市场体系有利于调控农村居民收入区域间差异。

农村市场法律制度的不完善给非法和不正当收入提供了生存空间，非法和不正当收入不仅肆意拉大了农村居民收入区域间差异，也给农村居民生产和农村社会稳定带来了消极影响。健全区域农村市场法律制度，消除制度和法律漏洞，取缔非法和不正当收入，才能保障区域农村市场运行效率和秩序，才能为农村居民收入区域差异的调控创造条件。

二 基于产业视角的政策选择——促进过程平等

过程平等对应的是公平竞争，良好的过程平等机制环境能够体现出劳动者付出与收入比例关系，能够更好地体现生产要素参与分配原则，因此，促进过程平等不仅有利于农村居民生产积极性的提高，也有利于农村居民收入区域差异的调节。区域间农村居民收入主要来源于工资性收入和家庭经营性收入，其中工资性收入主要从农村非农产业中获得，家庭经营性收入主要从农业生产中获得，因此，促进农村居民生产过程平等就表现在促进区域农村非农产业发展和促进区域现代农业的发展两个方面。

（一）发展现代农业调控农村居民收入区域间差异

农村居民收入区域差异在很大程度上表现为区域农业发展差异，高收入区域农业生产效率高而低收入区域传统农业色彩浓厚，农业发展的区域间差异导致了农村居民收入区域间差异，因此，发展区域现代农业能够提高农民收入，有利于缓解区域间农村居民收入差异。

转变农业增长方式是发展现代农业的前提。在区域农业发展过程中，低收入区域受制于区位和环境的影响，农业增长方式长期以来以资源投入为主，粗放型的农业生产方式不仅浪费农业生产资源，也导致农业生产效率的低下和农村居民家庭经营性收入偏低。因此，转变农业增长方式和提高农业生产效率是增加农村居民收入的前提，也是缩小区域间农村居民收入差异的重要保障。

优化农业产业结构是发展现代农业的必然选择。传统农业的生产并没有考虑市场对农产品的需求情况，这种脱离市场需求的农业生产导致农产品产量过剩、价格低廉以及质量不高。低收入区域发展现代农业必须依据市场需求进行农业产业结构调整，合理安排农业生产种类，提高农产品的附加值以及延长农业产业链，用农业产业结构的优化来实现农业生产效率的提升和农村居民收入的增加。

提升农业科技水平是发展现代农业的重要支撑。促进农业的科技进步是解决低收入区域农村居民收入偏低问题的根本途径，现代农业的发展必须加大农业科技投入，建立新型农业科技投入体系，形成良好的农业科技进步长效机制，促进农业的生产与科技有效结合。提高科技对低收入区域农业生产和农村经济增长的贡献，依靠农业生产科技进步来缓解区域间农村居民收入差异。

（二）发展农村非农产业调控农村居民收入区域间差异

工资性收入区域差异是拉开区域间农村居民收入的主要原因，高收入区域工资性收入通常大于家庭经营性收入，而低收入区域工资性收入通常小于家庭经营性收入，高收入区域的工资性收入远大于低收入区域导致了区域间农村居民收入差异。工资性收入主要来源于非农产业收入，其中很大一部分来自农村非农产业。因此，加速发展低收入区域非农产业，提高非农产业收入在农村居民收入中的比重，有利于缓解区域间农村居民收入差异。

农村非农产业包括的范围很广泛，其主体是乡镇企业，发展农村非农产业的重点就是加快乡镇企业转型发展，发挥乡镇企业对农村经济带动作用。乡镇企业所处的地理空间位置决定了其独特的优势，即城乡产品输送的纽带，连接了乡村农产品原料和城市对农业加工产品的需求，促进了城乡间的要素流动，所以加快乡镇企业转型发展对低收入区域农村居民收入提高有积极的意义。首先，引导乡镇企业结合低收入区域实际进行合理布局，生产加工区域特色优势农产品，提升企业产品的市场竞争力，在区域分工中取得优势；其次，健全乡镇企业运行机制，加快企业内部结构优化升级，积极转变企业生产模式，推进乡镇企业发展升级和技术改造，更多向下游产业链深化加工；再次，为乡镇企业发展提供更多资金和政策优惠，解决乡镇企业发展过程中融资困难的问题，在税收和信贷上予以支持，在财政上予以补贴，鼓励和扶助低收入区域乡镇企业发展；最后，引导乡镇企业走可持续发展道路，合理利用区域有限资源，走低碳、低耗和高效的发展路径。

积极发展农村非公有制经济，促进区域特色优势产业发展。非公有制经济是农村非农产业的重要组成部分，促进了农村所有制结构的多样化与生产力水平多层次，对农村居民收入水平的提高发挥了积极作用。加快低收入区域非公有制经济发展，努力做好以下几个方面：其一，放宽农村市场准入，为非公有制经济拓展发展空间，鼓励非公有制企业进入部分农村公用事业和基础设施领域；其二，给予农村非公有制经济更多政策和资金支持，在人才政策、税收和融资等方面予以照顾；其三，农村非公有制经济应该紧密结合农村资源特色优势，依据区域农村资源布局发展特色非公有制企业，更好地满足区域农业发展的需要，为提高农村居民收入做出贡献。

三　基于农村居民视角的政策选择——促进机会平等

在调控农村居民收入区域差异诸多政策选择中，促进农村居民收入机会平等才是根源，机会平等是过程平等和结果平等的先决条件。促进机会平等就是做到不同区域的农村居民在从事农村经济活动中拥有平等的机会，从内因考虑就是要求不同区域农村居民素质尽量一致，而农村居民素质主要体现在科学文化素质，即最终落脚点是通过提升区域间农村居民教育文化水平以促进农村居民收入的机会平等。此外，农村居民视角的机会平等还应该包括农村人口流动性在区域间平等。

（一）发展农村教育调控农村居民收入区域间差异

农村教育是影响农村居民收入的重要因素，两者之间呈正向关系即教育水平越高农村居民收入水平越高。从区域角度看，拥有较高教育水平的区域的农村居民收入通常会大于教育水平相对较低的区域，教育水平差异成为区域间农村居民收入水平差异的重要因素，因此，解决区域间农村居民收入差异问题就必须促进低收入区域农村教育的发展，以科学文化素质的提升来促进农村居民收入水平的提高。

低收入区域农村居民收入水平与教育水平形成互为因果的恶性循环，即收入水平低导致教育水平低进而引发新一轮的收入水平低下，走出困境的一个重要方法就是解决教育机会平等问题，提高低收入农村居民教育水平。首先，做好农村基础教育改革。改变农村基础教育存在的严重城市取向问题，基础教育的目标、布局以及内容要与农村经济发展相融合，能够体现出农业生产的需求，在内容中适当增添一些农业生产相关知识以提高基础教育与农村经济发展的关联度，培养出能够满足农村经济发展的人才。其次，加大农村职业教育培训。现代农业的发展需要拥有更高农业生产科学技术的新型农民，农村职业教育培训成为提高农村居民农业科学知识的重要途径。在农村大力开展职业教育和成人教育，形成多形式、多层次和多元化的农村人才培养机制，积极开展农业和非农职业教育培训，努力使职业教育更好地与农村经济发展相结合，提高农村居民收入水平。再次，加大对低收入区域的教育投入和援助力度。低收入区域农村教育投入不足，主要表现为教育基础设施落后以及师资缺乏，教育投入不足导致农村教育成本偏高和受教育机会减少，因此需要通过加大教育经费投入来改善农村教育条件，加大教育资源统筹和深化师资制度改革提高教师资源的使用效益。通过多种渠道进行农村区域间的非均衡教育投入和援助，增强低收入区域教育发展能力，以教育的平等性促进区域间农村居民收入机会的平等。

（二）促进农村人口流动调控农村居民收入区域间差异

农村人口流动是平衡区域间农村居民收入差异的重要方式，主要通过三种途径实现，即农村人口产业间流动、区域间流动和阶层间流动。这三种农村人口流动方式路径虽然有所不同，但对农村居民收入区域间差异都有着重要的调控作用。

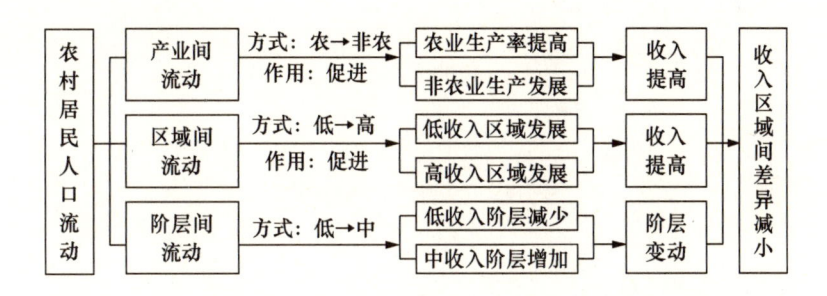

图 7-3　农村居民人口流动对农村居民收入区域间差异影响路径

首先，促进农村人口在产业间流动。加快农村剩余劳动力由农业产业向非农产业流动，一方面释放了农业生产效率，另一方面为非农产业发展提供充裕劳动力要素，从而提高了农村居民收入水平和缩小了区域间收入差异。进一步完善农村剩余劳动力转移工作，加快乡镇企业和农村非农产业对农业剩余劳动力内部吸收，发挥乡镇企业解决农村就业问题和提高农村居民收入的积极作用；同时，促进城镇对农村剩余劳动力的外部吸收作用，转变城乡二元经济结构。

其次，促进农村人口在区域间流动。加快低收入区域农村剩余劳动力向其他收入区域流动，一方面释放了低收入区域农村生产力，另一方面为其他收入区域发展提供劳动力要素。劳动力要素在区域间流动能够带来要素的优化配置，促进了区域经济发展且增加了农村居民收入水平。实现劳动力要素的区域间流动不但要打破地域限制，也要不断进行制度改革，同时要对劳动力进行短期培训以提高劳动力要素的质量。

最后，加快农村人口收入阶层间的变动。努力促进低收入阶层人口向中等收入阶层人口转变，实现收入分配格局的"橄榄形"结构，即高收入阶层和低收入阶层人数很少，而中间收入阶层人数最多。"橄榄形"是收入阶层的合理结构，有利于区域社会的稳定和良性发展，有利于缩小农村居民收入区域差异。促进区域农村人口收入阶层间的良性变动，需要进一步完善社会规则，提供区域间农村居民平等的发展机会，破除限制要素自由流动的不合理机制，以体制改革实现收入阶层间活跃的流动。

第八章 主要结论与后续研究展望

第一节 主要结论

内生驱动的中国经济增长模式要求进一步拓展内生市场需求,农村市场是潜在购买力最大的国内市场,开拓农村市场成为中国经济发展新的增长点。然而长期以来,农村市场巨大的潜力并没有得到真正的启动,原因主要是缓慢增长的农村居民收入限制了农村消费的扩大。把握适度的农村居民收入区域间差异,能够促进区域农村居民收入水平的提高,对刺激农村消费以及扩大农村市场内需有着重要的作用。本书基于个人收入差距理论和区域收入差距理论,构建农村居民收入区域差异理论模型,推导出农村居民收入区域差异倒"U"形假说;进一步通过对农村居民收入区域差异的演变历程、发展现状以及未来趋势的实证分析,对本书的理论假说进行检验;在考察差异的适度性和对经济增长影响效应的基础上,提出一些相应的调控政策。主要结论如下:

第一,农村居民收入区域差异长期趋势呈现倒"U"形。在构建本书理论基础过程中,借鉴了个人收入差距理论、区域收入差距理论以及收入差距趋势理论思想,将 Robinson 两部门劳动力转移模型引入区域农村居民收入差异研究,理论模型推导认为农村居民收入区域差异长期会呈现倒"U"形趋势。此假说得到实证研究的验证,在演变研究、现状研究以及趋势研究中均得到验证。首先,在对收入差异演变分析中,利用极值差率和相对平均离差分析认为省际间农村居民收入差异在 1978—1996 年间处于上升阶段,而后在 1997—2011 年间开始出现震荡和下压趋势,即正在经历倒"U"形拐点及拐点之后的一个阶段,通过对四个区域间农村居民收入水平的比较,也可以发现收入差异经历了逐步扩大至有所收敛的阶段;其次,在收入差异现状分析部分详细剖析了 2000—2011 年间收入差异的震荡、拐点及变化,利用极值差率、加权平均离差、加权变异系数、阿特金森指数、基尼系数和泰尔指数等对省际间和区际间农村居民收入差异进行分析,认为 2006 年大体上可以成为收入差异的倒"U"形拐点年份,2006 年之前收入差异缓慢上升,2006 年之后收入差异开始出现下压趋势;最后,收入差异趋势预测分析显示 2012—2015 年这一阶段收入差异继续呈现倒"U"形拐点后的下压趋势,即延续了 2006 年以来的下降趋势。因而,本书的农村居民收入区域差异的演变分析、现状分析以及趋势分析很好地验证了本书理论模型分析中提出的农村居民收入区域差异长期将呈现倒"U"形趋势的假说。

第二,农村居民收入区域间差异水平低于农村居民间收入差异水平。利用收入差异测度指标对区域间农村居民收入差异测度显示,区际间收入差异小于省际间收入差异,同时区际间和省际间收入差异均小于农村居民间收入差异,从基尼系数测度值看,2011 年省际间基尼系数为 0.206,区际间为 0.193,而农村居民间为 0.390,从数值上看农村居民收入差异基尼系数几乎为省际间和区际间的 2 倍,但由于基尼系数在不同环境和背景下数值范围含义有待进一步商榷,所以也难以说明区域间农村居民收入差异水平就很低。

第三,工资性收入差异对区域间农村居民收入差异起主要贡献作用。对基尼系数构成进行分解显示区域间农村居民收入差异不仅体现在收入水平的差异上,农村居民收入结构上也存在差异,其中工资性差异对区域间农村居民收入差异贡献占 50% 以上,其次是家庭经营性收入差异贡献 30% 左右,最后是财产性收入和转移性收入差异均贡献 5% 左右。从相对集中系数值的变化情况看,工资性收入差异长期以来一直发挥着拉大收入差距的作用。可以看出,工资性收入在高收入区域农村居民收入中占较大比重,而低收入区域中工资性收入比重偏低,导致了工资性收入区域间的差异成为农村居民收入区域间差异的主要贡献力量,因而可以加大对区域间农村居民工资性收入的调控,以缓解收入差异的拉大。

第四,教育水平是影响区域间农村居民收入差异的主要因素。内生增长理论将人力资本引入增长函数,认为人力资本对收入有着显著的贡献,人力资本区域间的差异导致了农村居民收入水平区域间的差异。对农村居民收入差异影响因素的定性分析认为劳动力素质与农村居民收入关系密切，两者之间是相互促进和相互制约关系，劳动力素质高则收入高，而高收入水平则为进一步提升劳动力素质提供条件，如果相反两者则表现为相互制约的恶性循环。通过构建影响因素评价指标体系，运用协整分析方法也得出劳动者素质是影响农村居民收入区域差异的主要因素。劳动者素质主要包括科学文化素质和身体素质，而科学文化素质主要是通过教育途径来实现，因此，教育成为影响区域间农村居民收入差异的主要因素，搞好教育的发展及区域间平衡成为调控区域间收入差异的一项重要措施。

第五，农村居民收入区域差异与农村区域经济社会发展较为适度。在理论判断中，基于基尼系数值及变化可以看出1978—2011年省际间和区际间农村居民收入差异基尼系数一直在警戒线以下运行，可以判断省际间和区际间农村居民收入差异是适度的；依据库兹涅茨倒"U"形临界值标准，拐点临界值处人均GDP和第二产业产值比重大体上符合，即省际间和区际间农村居民收入差异是适度的；收入差异适度性判断准则进行简单判断时也反映出收入差异是适度的且是有益于经济增长的。在实证判断中，依据适度性判断准则构建了适度性评价指标体系，从测算的各组评价指数和综合评价指数变化情况看收入差异与经济社会发展适度性较好，运用隶属函数协调度模型公式对协调度测算也显示省际间和区际间农村居民收入差异与经济增长、资源配置和社会稳定协调度较好，与农村经济社会发展是适度的。

第六，农村居民收入区域间差异与区域农村经济增长相互影响。基于倒"U"形视角可以发现农村居民收入区域差异与区域农村经济增长是相互影响的，适度差异有利于经济增长，在区域农村经济增长过程中发挥了积极作用，而差异过大则不利于经济增长，过大的差异在区域农村经济增长过程中发挥了消极作用。因此，可以将两者相互影响的机制划分为良性作用机制和非良性作用机制，在良性作用机制中，农村经济增长通过就业等途径缓和收入差异，而收入差异通过消费和投资等途径促进经济增长，在非良性作用机制中经济增长拉大收入差异，而收入差异则抑制经济增长。

第二节　后续研究展望

本书在对收入差异理论进行了较为详尽的梳理之后，提出了区域农村居民收入差异倒"U"形假说，并通过实证研究验证了这一假说的适用性。本书虽然进行了系统的理论研究，也围绕理论展开了深入的实证分析，但由于农村居民收入区域差异研究是一个庞大的系统工程，仍遗留了一些问题有待后续进一步研究。

第一，理论模型推导的进一步修正。

本书仅将 Robinson 两部门劳动力转移模型引入区域农村居民收入差异研究，理论模型推导过程中仅考虑了劳动力要素的流动。可以进一步放松假设条件进行深入推导分析，比如引入教育和政府等因素对区域农村居民收入差异的影响分析，也可以探讨劳动力区域间的几种流动模式和阶段划分问题，还可以放松同一区域内部不存在收入差异的这一假设条件，探讨区域内和区域间差异情况。

第二，考虑物价因素。

由于本书涉及的大部分指标均来自于各省，因而在可比价折算中价格指数差异性较大，导致了折算后的数据波动性较大，影响了数据可比性。所以，在本书研究过程中涉及产值和价格等指标均使用了现价，虽然大部分指标使用了比率处理，消除了价格因素的影响，但在后续研究中可以尝试用一些方法科学折算出指标的可比价，以消除价格因素导致的分析结果偏差。

第三，开展对省域内部农村居民收入差异的研究。

本书研究对象是区际间和省际间农村居民收入差异问题，没有涉及省域内部收入差异，理论上区域泛指地域范围，可以包括区际间、省际间、同区域内部省际间、省域内部区际间以及县际间等，对这些区域间农村居民收入差异进行研究也是很有意义的，可以在后续研究中单独进行。

第四，对区域间农村居民收入差异基尼系数值意义的判断。

虽然本书测算了省际间和区际间基尼系数值，但也仅能作为收入差异趋势分析的依据，难以分析具体基尼系数值的意义，因为由于分析环境的差异，基尼系数判断范围并不具有普遍适用性。可以尝试将倒"U"形拐点基尼系数临界值作为区域间农村居民收入差异警戒线即 0.2—0.3，但对倒"U"形拐点的判断又存在商榷，虽然本书分析显示2006年可以视为农村居民收入区域差异在1978—2015年间倒"U"形趋势中的拐点，但尚不能完全确认这个点会不会成为倒"U"形震荡上升过程中的一个点，即农村居民收入区域差异会不会在未来年份重新被拉开。因此，在后续研究中可以尝试使用一些新的方法，结合具体分析对象来确定基尼系数值的含义。

参考文献

[1] 黄祖辉：《转型期中国居民收入差距问题研究》，浙江大学出版社2007年版。

[2] 胡日东、王卓：《收入分配差距、消费需求与转移支付的实证研究》，《数量经济技术经济研究》2002年第4期。

[3] 杨宜勇、池振合：《当前我国收入分配现状及对策建议》，《经济研究参考》2011年第13期。

[4] 刘灵芝、代欣欣、王雅鹏：《中国农村地区收入差距对农村居民消费的影响》，《江苏农业科学》2012年第7期。

[5] 郭岚：《中国区域差异与区域经济协调发展研究》，巴蜀书社2008年版。

[6] 陆大道：《区域发展及其空间结构》，科学出版社1995年版。

[7] Demurger, Sylvie, and Jeffrey D. Sachs. Geography, Economic Policy, and regional development in China [C]. Harvard Institute of Economic Research Paper, 2002, Vol. 1, No. 1: 146 – 197.

[8] 魏后凯、刘楷、周民良、杨大利、胡武贤：《中国地区发展——经济增长、制度变迁与地区差异》，经济管理出版社1997年版。

[9] 何雄浪：《区域效应与集聚效应：我国地区间实际收入差距成因探究》，《现代财经》2012年第11期。

[10] 林毅夫、蔡昉、李周：《中国经济转型时期的地区差距分析》，《经济研究》1998年第6期。

[11] 白志礼、王青、来国超：《我国地区间农村居民收入差异变动趋势与因素分析》，《农业经济问题》1993年第10期。

[12] Meng Xin, and Wu Harry X. Household Income Determination and Regional Income Differential in Rural China [J]. Asian Economic Journal, 1998, Vol. 12, No. 1: 65 – 88.

[13] B. Gustafsson, L. Shi. The Effects of Transition on the Distribution of Income in China: A Study Decomposing the GINI Coefficient for 1988 and 1995 [J]. Economics of Transition, 2001, Vol. 9, No. 3: 593 – 617.

[14] 罗丹程、张广胜、周娟:《贸易自由化对中国农村收入不均等的影响》,《商业研究》2007 年第 12 期。

[15] 陈安平:《地区收入差距与空间距离:配对估计结果》,《数理统计与管理》2013 年第 2 期。

[16] 朱向东、文兼武:《农民收入差异研究》,《统计研究》1990 年第 4 期。

[17] 马国强、苏明、石爱虎:《中国农民收入问题研究》,贵州人民出版社 1994 年版。

[18] 张红宇:《我国城乡、区域经济发展和收入增长的现状与对策》,《山西农经》1994 年第 4 期。

[19] 姚琼:《我国农民收入水平的省际差异分析》,《经济纵横》2002 年第 11 期。

[20] 卢嘉瑞:《中国现阶段收入分配差距问题研究》,人民出版社 2003 年版。

[21] 刘纯阳:《农民收入区域差异及其原因分析》,《科技导报》2004 年第 5 期。

[22] 肖宜滨:《江苏农村居民的收入差异》,《中国农村经济》1998 年第 4 期。

[23] 范昌年:《我国收入分配差距的现状、原因与对策》,《贵州财经学院学报》2009 年第 2 期。

[24] [美] 雅各布·明塞尔著:《人力资本研究——雅各布·明塞尔论文集》(第一卷),张凤林译,中国经济出版社 2001 年版。

[25] Dwayne Benjamin, Loren Brandt and John Giles. The Evolution of Income Inequality in Rural China [J]. Economic Development and Cultural Change, 2005, Vol. 53, No. 4: 769 – 824.

[26] 张晓辉:《中国农村居民收入分配实证描述及变化分析》,《中国农村经济》2001 年第 6 期。

[27] 刘纯阳、高启杰:《我国农民收入区域差异变动趋势分析》,《农业技术经济》2004 年第 2 期。

[28] 万广华：《解释中国农村区域间的收入不平等：一种基于回归方程的分解方法》，《经济研究》2004年第8期。

[29] 靳卫东：《农民的收入差距与人力资本投资研究》，《南开经济研究》2007年第1期。

[30] 朱韵洁、于兰：《人力资本投资与农民收入增长》，《华东经济管理》2011年第1期。

[31] Becker. G. S. Human Capital: a Theoretical and Empirical Analysis with Special Reference to Education [M]. NewYork: National Bureau of Economic Research, 1975: 214 – 230.

[32] 李实、张平、魏众、仲济根：《中国居民收入分配实证分析》，社会科学文献出版社2000年版。

[33] 毕先进：《中国农民收入影响因素分析：教育收益、政治资本与区域差异》，《山东省农业管理干部学院学报》2010年第4期。

[34] Roemer J. E, Economic Development as Opportunity Equalization [R]. Cowles Foundation Discussion Paper, No. 1583, 2006.

[35] 高思安、栾敬东：《非农就业机会不平等对地区间农村收入差距的影响分析》，《乡镇经济》2008年第10期。

[36] 董金松、卢福营：《现阶段中国农民收入分配的不公正性分析》，《理论导刊》2004年第8期。

[37] 朱丽萍：《试论调节居民收入差距的税收对策》，《经济问题探索》2005年第5期。

[38] 张明喜：《转移支付与我国地区收入差距的收敛分析》，《财经论丛》2006年第5期。

[39] 陈建宁：《社会保障对收入差距调节的困境及对策》，《保险研究》2010年第12期。

[40] R. J. Barro Economic Growth in a Cross Section of Countries [J]. The Quarterly Journal of Economics, 1991, Vol. 106, No. 2: 407 – 443.

[41] Kuzhets. Economic Growth and Income Inequality [J]. America Economic Review, 1955, Vol. 45, No. 1: 18 – 20.

[42] Williamson, Jeffrey G. Regional Inequality and the Process of National Development: a Description of the Patterns [J]. Economic Development and Cultural Change, 1965, Vol. 13, No. 4: 3 – 45.

[43] Robinson. S. A note on the U hypothesis relating income inequality and economic development [J]. The American Economic Review, 1976, Vol. 66, No. 3: 437-440.

[44] 郭熙保:《从发展经济学观点看待库兹涅茨假说——兼论中国收入不平等扩大的原因》,《管理世界》2003年第3期。

[45] 王韧、王睿:《倒"U"形假说与我国收入分配变动的实证研究》,《统计观察》2004年第5期。

[46] 马霄鹏、高伟:《对我国城乡收入差距与经济增长关系的研究——对"库兹涅茨倒'U'形曲线假说"的实证分析》,《价格理论与实践》2013年第1期。

[47] 黄泰岩:《我国个人收入差距的变动特征及其调节政策》,《当代经济研究》2001年第4期。

[48] 陈宗胜:《公有经济发展中的收入分配差别理论模型与假说(Ⅱ):两部门模型、总模型及倒"U"形假说》,《南开经济研究》1991年第4期。

[49] 蔡昉、都阳:《中国地区经济增长的趋同与差异——对西部开发战略的启示》,《经济研究》2000年第10期。

[50] 王检贵:《倒"U"形现象是不是一条经济法则?——对罗宾逊经典结论的质疑》,《经济研究》2000年第7期。

[51] 白雪艳:《中国农村居民收入差距变动的分析》,《北方经贸》2001年第1期。

[52] 王弘:《当前我国农村居民收入的区域极化效应及其破解》,《学术论坛》2013年第5期。

[53] 陈英乾:《中国农民收入的地区性差异及对比分析》,《农村经济》2004年第12期。

[54] 万广华:《中国农村区域间居民收入差异及其变化的实证分析》,《经济研究》1998年第5期。

[55] 张琦、范丽娜:《缩小我国区域间居民收入差距对策的再思考》,《经济研究参考》2008年第3期。

[56] 赵晓峰、霍学喜:《中国农村内部区域之间收入差距分析——基于泰尔指数的测度》,《现代财经》2007年第10期。

[57] Gunnar Myrdal. Rich Lands and Poor: the Road to World Prosperity

[M]. New York: Harper&Brothers, 1958: 105 – 115.

[58] 李实、赵人伟、张平:《中国经济转型与收入分配变动》,《经济研究》1998 年第 4 期。

[59] 白菊红:《省际间农民收入分配不均等及影响因素的 S – Gini 分析》,《河南农业大学学报》2002 年第 4 期。

[60] 薛宇峰:《中国农村收入分配差距的现状和空间分布特征》,《财经研究》2005 年第 5 期。

[61] 王洪亮、徐翔、孙国锋:《我国省际间农民收入不平等与收入变动分析》,《农业经济问题》2006 年第 3 期。

[62] 刘娟、王秀清:《湖北省农村家庭收入分配状况与影响因素分析》,《农业技术经济》2006 年第 4 期。

[63] 孙慧钧:《我国农村区域间收入差距构成的实证分析》,《统计研究》2007 年第 11 期。

[64] 汪本学、张海天:《基于 GE 指数的农村居民收入差距分析》,《统计与决策》2012 年第 20 期。

[65] De Janvry, A., Sadoulet, E. and Zhu, N. The Role of non – farm Incomes in Reducing Rural Poverty and Inequality in China [R]. CUDARE Working Paper, 2005.

[66] 赵人伟、[美] 格里芬:《中国居民收入分配研究》, 中国社会科学出版社 1994 年版。

[67] 马九杰:《农业、农村产业结构调整与农民收入差距变化》,《改革》2006 年第 1 期。

[68] Bjorn Gustafsson and Shi Li. Income Inequality Within and Across Counties in Rural China 1988 and 1995 [J]. Journal of Development Eeonomics, 2002, Vol. 69, No. 1: 179 – 204.

[69] 万广华、周章跃、陆迁:《中国农村收入不平等: 运用农户数据的回归分解》,《中国农村经济》2005 年第 5 期。

[70] 国家计委宏观经济研究院课题组:《中国城镇居民收入差距的影响及适度性分析》,《管理世界》2001 年第 5 期。

[71] 任红艳:《对我国城镇居民收入差距的整体判断及适度性分析》,《河北学刊》2006 年第 5 期。

[72] 文魁、任红艳:《收入差距适度性指标设计的理论思考》,《首都经

济贸易大学学报》2007 年第 1 期。

[73] 张敏、张一川：《我国城镇居民收入差距适度性分析》，《郑州航空工业管理学院学报》2010 年第 1 期。

[74] 樊丽淑、朱孟进、李雪艳：《论地区农民收入差距适度性判断指标体系的构建》，《经济经纬》2005 年第 6 期。

[75] 王韧、王睿：《二元条件下居民收入差距的变动与收敛——对我国倒"U"形假说的存在性检验》，《数量经济技术经济研究》2004 年第 3 期。

[76] 林民书、杨治国：《地区经济发展差距与资源配置能力问题研究》，《综合竞争力》2010 年第 4 期。

[77] 胡鞍钢、王绍光、康晓光：《中国地区差距报告》，辽宁人民出版社 1995 年版。

[78] 陈宗胜、周云波：《再论改革与发展中的收入分配：中国发生两极分化了吗》，经济科学出版社 2002 年版。

[79] 马立平：《统计数据标准化——无量纲化方法》，《北京统计》2000 年第 3 期。

[80] 王学民：《对主成分分析中综合得分方法的质疑》，《统计与决策》2007 年第 4 期。

[81] [美] 埃德加·M. 胡佛著：《区域经济学导论》，王翼龙译，商务印书馆 1990 年版。

[82] 张金锁：《区域经济学》，天津大学出版社 2003 年版。

[83] 姚琼等：《农民收入水平的区域特征及影响因素分析》，《上海经济研究》2002 年第 10 期。

[84] 曾志艳：《我国农民收入的区域差异与对策研究》，《中国经贸导刊》2010 年第 10 期。

[85] 黄祖辉、王敏、万广华：《我国居民收入不平等问题：基于转移性收入角度的分析》，《管理世界》2003 年第 3 期。

[86] 覃成林：《中国区域经济差异研究》，中国经济出版社 1997 年版。

[87] Dilip Mookherjee, and Anthony Shorrocks. A Decomposition Analysis of the Trend in UK Income Inequality [J]. The Economic Journal, 1982, Vol. 92, No. 368: 886 - 902.

[88] 万广华：《收入分配的度量与分解：一个对于研究方法的评介》，

《世界经济文汇》2004 年第 1 期。

[89] 魏后凯：《现代区域经济学》，经济管理出版社 2006 年版。

[90] 聂华林、钱力：《我国城乡居民收入差距测度指标述评》，《兰州商学院学报》2009 年第 5 期。

[91] 高鸿桢：《论收入不平等性指标》，《厦门大学学报》（哲社版）1993 年第 4 期。

[92] 梁纪尧、宋青梅：《基尼系数估算方法述评及科学估算方法的选择》，《山东财政学院学报》2007 年第 1 期。

[93] 唐莉、姚树洁、王建军：《基尼系数分解分析中国城市居民收入不平等》，《数量经济技术经济研究》2006 年第 11 期。

[94] Pyatt, G. On the Interpretation and Disaggregation of Gini Coefficients [J]. The Economic Journal, 1976, Vol. 86, No. 342: 243 – 255.

[95] Yao, Shujie, and Liu, Jirui. Decomposition of Gini Coefficients by Class: a New Approach [J]. Applied Economics Letters, 1996, Vol. 3, No. 2: 115 – 119.

[96] Yao, Shujie. On the Decomposition of Gini Coefficients by Population Class and Income Source: A Spreadsheet Approach and Application [J]. Applied Economics, 1999, Vol. 31, No. 10: 1249 – 1264.

[97] 白雪梅、赵松山：《对用基尼系数测试地区收入水平不均等程度的再认识》，《中国统计》1995 年第 2 期。

[98] 吴殿廷：《区域经济学》，科学出版社 2008 年版。

[99] 吴建民、王杰敏、张慧锋、胡霞：《地区结构、收入结构与我国农民收入差距变化的分析》，《河北师范大学学报》（自然科学版）2012 年第 5 期。

[100] 屈小博、都阳：《中国农村地区间居民收入差距及构成变化：1995—2008 年——基于基尼系数的分解》，《经济理论与经济管理》2010 年第 7 期。

[101] Yang Dali. Patterns of China's Regional Development Strategy [J]. The China Quarterly, 1990, Vol. 122: 230 – 257.

[102] 陆大道：《中国区域发展的理论与实践》，科学出版社 2003 年版。

[103] 姚枝仲、周素芳：《劳动力流动与地区差距》，《世界经济》2003 年第 4 期。

[104] 张平:《中国农村居民区域间收入不平等与非农就业》,《经济研究》1998年第8期。

[105] 吕晓英、吕胜利:《地区农村公共产品对农民纯收入影响的Panel Data模型分析》,《开发研究》2009年第1期。

[106] 牛勇平、辛波、杨海山:《关于我国各地区农村公共产品供给水平差异的实证分析》,《产业经济评论》2012年第1期。

[107] 康涛、康松:《科技进步是增加农民收入的根本途径》,《江西农业经济》2001年第6期。

[108] 徐礼红:《影响我国农民收入的科技与文化因素分析》,《学术交流》2006年第6期。

[109] 胡兵、乔晶:《农民收入区域差异影响因素的实证分析与判断》,《社会科学研究》2005年第5期。

[110] 邹思远、宋玉娟:《不同地区农民收入影响因素分析》,《当代经济》2011年第2期。

[111] 刘荣材:《农民收入变化趋势及影响因素分析》,《广西社会科学》2005年第11期。

[112] 唐平:《农村居民收入差距的变动及影响因素分析》,《管理世界》2006年第5期。

[113] 熊璋琳:《农民收入的影响因素分析》,《安徽农业科学》2010年第20期。

[114] 陶应虎:《农村居民收入区域差异的走势和影响因素的实证分析——以江苏省为例》,《经济问题》2010年第6期。

[115] 胡文国、吴栋、吴晓明:《我国农民收入增长影响因素的实证分析》,《经济科学》2004年第6期。

[116] 王计强、王征兵:《农民收入变动及影响因素的定量分析》,《乡镇经济》2009年第12期。

[117] 芮田生、阎洪:《我国农民收入影响因素分析》,《湖南社会科学》2012年第2期。

[118] 李春林、任博雅:《基于面板数据的中国农民收入影响因素分析》,《经济与管理》2009年第4期。

[119] 刘俊英:《政府公共支出与中国经济增长——基于VAR方法的研究》,《河南大学学报》(社会科学版)2008年第5期。

[120] 李云峨、周云波:《中国城乡收入差距未来发展趋势的预测》,《山西财经大学学报》2007年第10期。

[121] 杨竹莘:《中国收入分配差距预测的 GM (1, 1) 模型》,《数学的实践与认识》2007年第10期。

[122] 张俊霞、王佐仁:《我国居民收入分配差距趋势的预测研究》,《西安财经学院学报》2010年第4期。

[123] 何舒华、何霭琳:《指数平滑法初始值计算与平滑系数选取的新方法》,《广州大学学报》(自然科学版)2011年第2期。

[124] 赵人伟、李实:《收入差距扩大的原因和价值判断》,《改革》1998年第6期。

[125] 任红艳:《中国城镇居民收入差距适度性研究》,中国农业科学技术出版社2010年版。

[126] 周云波:《我国收入差距变化何时迎来倒"U"形轨迹的拐点》,《经济纵横》2010年第4期。

[127] 沈时伯:《收入差距的适度性与合理性之界说》,《商场现代化》2005年第14期。

[128] 王少国:《城乡居民收入差别的合理程度判断》,《财经科学》2006年第4期。

[129] 郭平、罗涛:《居民收入分配现状与价值判断》,《财经研究》2003年第4期。

[130] 钱力、管新帅:《农业优势产业选择与少数民族地区发展——以甘肃省民族地区为例》,《农业技术经济》2012年第3期。

[131] 陈军才:《主成分与因子分析中指标同趋势化方法探讨》,《统计与信息论坛》2005年第2期。

[132] 杨振宁:《城乡统筹发展与城镇化关系的实证研究——基于安徽的数据》,《农业经济问题》2008年第5期。

[133] 李朝锋、杨中宝:《SPSS主成分分析中的特征向量计算问题》,《统计教育》2007年第3期。

[134] 侯景新、尹卫红:《区域经济分析方法》,商务印书馆2004年版。

[135] 王维国:《论国民经济协调系数体系的建立》,《统计研究》1995年第4期。

[136] 孙敬水、董立锋:《居民收入差距适度性测度研究》,《经济学家》

2012年第3期。

[137] 李祚泳、汪嘉杨、熊建秋、徐婷婷：《可持续发展评价模型与应用》，科学出版社2007年版。

[138] 徐映梅、张学新：《中国基尼系数警戒线的一个估计》，《统计研究》2011年第1期。

[139] 张秀生、盛见：《现阶段我国收入分配的公平性问题研究》，《经济纵横》2007年第5期。

[140] 于晓嫒、韩克勇：《对扩大我国中等收入阶层的思考》，《经济问题》2007年第12期。

[141] 胡放之：《论解决内需不足的关键问题——增加农民收入、启动农村市场》，《华中理工大学学报》（社会科学版）2000年第8期。

后　记

这本书是在我的博士学位论文基础上加工整理而成的，是对农村居民收入区域差异问题研究的一个尝试和阶段性总结。在本书的写作和修改过程中，吸收了评阅和答辩专家的意见，对相应结构和部分进行了略微调整和完善。写作过程同时也是一个提高自身学术水平的过程，从开始构思到写作完成，研读了许多经济学理论著作，查阅了大量相关文献资料，通过整理和思考，从纷繁的材料中理出一条清晰的研究思路，在此基础上，精心设计和研讨了本书的理论框架和研究方法，最终完成了这一成果。

本书是在恩师聂华林教授关怀和悉心指导下完成的，从选题、框架构思到成文、修改至定稿，无不凝聚着先生的思想和心血，先生严谨的治学态度、敏锐的学术前瞻洞察、深邃的学术思想与求实的科研精神，深深地感染着我，从先生身上我不仅学到了扎实宽广的学术知识，也体会到了许多人生哲理。先生不仅是我学习的导师，也是我人生的楷模，我为自己能遇到先生而感到由衷的自豪！可以说没有先生的严格要求、精心指导和谆谆教诲，我是难以完成这部拙作的。在此我怀着一颗感恩的心，用简单而又真诚的话语表达我内心的感激之情。同时也诚挚的感谢兰州大学经济学院和兰州财经大学经济学院各位老师和同事，谢谢你们为拙作提出的宝贵意见，是你们的及时点拨和善意批评，让我理清了不甚清晰的思路，进一步丰富和完善了该书内容。感谢你们为我学习、生活和工作提供的各种帮助，谢谢你们辛苦付出，愿你们桃李满天下！

感谢家人在生活和学习中对我的帮助和宽容，感谢他们在精神上给予我极大的鼓励和慰藉。每当我懈怠时，父母总是能给我督促和鼓励；每当我感觉压力较大时，父母总是能给我慰藉并营造一个能让我放松的环境，打电话总是重复问我生活紧张不紧张，平时多注意营养和照顾好身体，父母的句句关怀给了我无限温暖，让我在写作中有了动力，哥哥、嫂嫂、侄女和侄子也在生活中带给了我无限快乐，感谢妻子和即将出世的宝宝，谢谢你们对我的理解和支持，愿亲人们安康幸福！

感谢兰州财经大学王学军副校长的悉心关怀！感谢我的朋友和同学，给予我无私的帮助和支持。感谢西安交通大学马草原博士对该书理论部分提出的建设性修改意见，感谢王晶和兰州财经大学赵永平、张静、、周亚雄、管新帅和王思文对我生活和学习的关怀，十分感谢这些朋友在生活和学习中给我的帮助和快乐！在写作过程中，还得到了许多同学的支持和陪伴，谢谢杨福霞、韩燕、刘燕平和曹凌燕一直和我共同学习和研讨，在写作方法上提供了很多指导，谢谢兰州大学经济学院李泉博士对我写作的帮助，很高兴和这些同学共同度过了美好的学习时光，求学道路上有你们陪伴令我一生难忘！

在本书写作过程中参阅了大量的国内外相关研究文献，这些文献对笔者都有着十分重要的启迪，对直接引用的文献都尽可能地一一注明出处，对参阅的文献在文末也都逐一列出，但也有可能忙中有所遗漏，如有遗漏，敬请原作者谅解。在此对所有直接引用或参阅文献的作者表示诚挚的谢意。

本人深感学术研究之艰辛，求索之路之漫长，然而只要将这种辛苦理解为一种生活方式，只要努力付出，总会有所收获。由于本人学术水平和文献资料的限制，文中不足之处甚至错误在所难免，谨请同行专家予以批评指正。

钱 力

2014 年 11 月于兰州